G r o w

F o r e v e r

創 造 人 生 良 性 循 環
的 七 個 行 動 法 則

成長思考力

成長思考
心の壁を打ち破る
７つのアクション

Yuji Akaba
赤羽雄二 溫玥・譯

前言

能有所成長是一件相當美妙的事

對我們而言，最開心的事是什麼呢？如果在工作上取得了好成績，想必會很開心吧。在此基礎上，個人生活也過得十分充實，應該就會更加開心了。

但是，以上的情況也會受到環境和身邊的人的影響，我們無法百分之百掌控局面。有時候，能否取得成功，與自己付出的努力並無關係。

這樣想的話，人生最開心的時刻，應該莫過於感受到「自己正在成長」的瞬間吧，而自身的成長可以百分之百透過自己的努力獲取。

一旦有所成長，我們就能達成一直以來無法成功做到的事，同時，自己也會變得更加有自信，這是非常美妙的事。成長不是一時的，而是日積月累的結果。成長可以讓我們感受到自己的可能性正在不斷擴展。甚至可以說「由於是日積月累的結果，也因此我們可以放寬心來迎接挑戰」。

出於工作性質，我經常有機會與一流企業的董事和部長這類世人口中所謂的「成功人士」見面。

然而令我感到意外的是，在這群人當中，對自己和自己所負責的業務有十足信心的人似乎很少。準確地來說，應該是他們「看似對自己和自己的能力沒有自信」。

這是一件非常可惜的事情。缺乏自信會導致做事不夠果敢，也會引發諸多問題。比如不敢放手一搏、無法全力以赴，或是在上司和客戶面前顯得畏畏縮縮。如此一來就很難拿出成果，同時也會阻礙自身的成長。

這些人其實是可以持續成長的，但結果卻一直在原地踏步。對公司來說，這其實也是極大的損失。我認為這樣的情況對組織架構和培育下屬也會帶來極大的負面影響。

然而，無論是對自己感到自信或是對自身的能力感到自信，並藉此持續成長，多半靠的都是個人的努力。除了流於形式的新任管理階層培訓、員工教育訓練這類人事制度中規定的培訓，公司和上司基本上不會主動為員工提供成長上的幫助。

上司或前輩帶下屬或後輩去喝酒時，最多只會說「你啊，進入職場之後一定要有所成長才行……」這類的話。然而，這樣的諄諄教誨效果已經大不如往昔。因為「透過喝酒搏感情」的價值正在持續下滑，不僅如此，跟我們談話的上司或前輩，他們自身的成長狀態也不是很理想。如此一來，我們只能憑藉自身捍衛自己。沒有人會告訴我們應該怎麼做。

雖然市面上有許多勵志類和商管類書籍，但實際上這類書籍很少將成長作為前提條件考慮。即便有所提及，似乎也很少闡明在閱讀後該如何**「實際改變行動」**，也缺乏一針見血的具體方法。

說穿了，市面上現有的勵志類和商管類書籍的本意似乎並不在於「讀過這本書之後，可以讓你的行動產生改變」。甚至可以說這些書的重點根本不在此，即便書中聚焦於此，也極少提示具體的手段。

若是如此，我認為真正有價值的書在於可以針對以下內容詳細說明並提出具體建議：「一般人如何才能建立自信，並且持續成長？」「為達成這樣的目標，我們應該如何制定計畫，並實際付諸行動？」

例如，為達到成長，該如何設定目標及努力的方法、建立自信的方法、調整自身狀態的方法、如何善用身邊同伴的方法等等。

我們可以做的事其實不勝枚舉。此外，在書中我還想談一下建立方法論的方法。

我衷心期盼透過這本書，盡可能讓更多人感受到「能有所成長，是相當美妙的事」。

真切體會活著的感覺

我認為，人在成長的時候，可以「真切」體會到活著的感覺。一旦有所成長，便能達成過往無法做到的事，也能發現至今無法察覺的問題，更能獲得過去的自己所無法企及的觀點。這些可以為我們帶來自己正真切地活著的感覺。

獲得成長後，我們會打從心底感到快樂，能感覺明天、甚至是未來都充滿了希望。這正是人的本質。

一旦體會自己是真切地活著，身心會饒富生氣、充滿活力，能量也會源源不絕地湧現。如此一來，和他人的溝通也會變得更加順利，因此可以自然而然發揮領導能力。在這樣的情況下，當然會產生良好的結果，各方面都將進入良性循環。

而另一方面，如果我們無法成長，便會四處碰壁，進而產生「自己到底在做什麼」的質疑，日漸消沉。

惡性循環也會就此展開，此時愈是努力愈是容易踩中地雷、身陷泥淖，只會感到痛苦，根本就無暇顧及自己是否真切地活著。

無法成長的痛苦

一個人在某一特定環境中若是無法持續成長，且長期下來不斷重複相同的工作，可能會感到相當痛苦。在同一個職場中的同一個位置上，持續十年做同一份工作，將變得無法感受新事物所帶來的刺激。

在多數情況下，人一旦失去新事物所帶來的刺激，便會停止成長，這是因為已經失去成長的必要性了。即便自己有心尋求成長，很多時候也只是被周遭看笑話，或是被扯後腿。

我所服務的企業中也有不少這樣的人。這些人不斷付出各方面的努力，但無論他們怎麼努力，工作內容和職位並不會因此產生太大的變化，甚至就連旁觀的局外人都會感到莫可奈何。這樣的環境對當事人來說，將構成妨礙他們堅持努力下去的障礙。

我經常思考的是：「應該將適切的職務輪替制度導入公司的制度中。」我感到不解的是，企業究竟是出於怎樣的考量，才會對這樣的現象視而不見？還是說，正是因為他們什麼都沒有考量，所以才會出現這種現象？將一個人放置在無法成長的環境中，並且對其視若無睹，這難道不是一件很殘忍的事嗎？

每個人都能成長

我打從心底相信，**不管是誰都能獲得巨大的成長**。

這樣的想法並非與生俱來，至少我以一名工程師的身分在小松製作所*工作時未曾有過這樣的想法。當時我每天忙於工作，全副心力都放在該如何設計大型傾卸卡車，根本沒有精力去思考這個問題。

當時我也沒有下屬，幾乎沒有標準來衡量上司和前輩的程度高低。

然而，在出社會工作的第八年，我從美國史丹佛大學留學畢業回到日本，並且進入了麥肯錫公司工作，被分配到負責首爾的專案。從那時開始，「成長」就成為我經常思考的問題。

當時除了麥肯錫的數十名下屬之外，我還有許多機會接觸客戶的團隊成員或管理階層。這樣的環境帶給我持續觀察的機會，瞭解到這些人有多麼強大的成長意願，以及他們究竟可以成長到什麼樣的境界。日後，這群人之中有不少人擔任要職，發揮了強大的領導能力。當中包括有集團控股公司的總經理，有規模相當於日本ＮＴＴ電信公司的系統開發公司的總經理，另外還有集團各分公司的總經理、副總經理、專務董事等職務。

我堅信任何人都能成長。在那之後，這股信念愈發強烈。

我曾服務過上百家企業，一年會舉辦五十到六十場演講及工作坊，與數千人接觸的經驗，讓我更加確信了這樣的想法。

＊日本重化工業產品製造公司，主要產品包括起重機、推土機及挖掘機等。

成長是人最根本的性質和特性。只要有合適的環境和合適的指導，人沒有理由不成長。

當然，成長的速度會因人而異，並非所有人都能迅速成長。不過，人的優秀之處就在於即便成長的速度有所不同，都還是能夠不斷地持續成長。

但可惜的是，歷時好幾年卻依舊無法有所成長的人也大有所在。只不過，在我看來那代表的不是成長的終點，而是在環境等因素的影響下，成長暫時進入停滯期而已。只要有誘因和刺激，人就能找回最根本的性質及特性，並且再次開始成長。

妨礙成長的主要因素

「成長」本是每個人應有的權利，以下是幾項妨礙成長的因素。

1　缺乏自信，斷定「自己根本不可能成長」

有的人對自己缺乏信心，於是失去了想要成長的積極性。這些人似乎認為「學習和成長與自己無關，自己根本無法成長」。哪怕公司的經營方向產生變化，或是要推動經營理念及行動的改革，他們也絕對不會產生想改變工作方式的念頭。這是一個非常嚴重的問題，並非只關乎個人的成長而已。

「自己根本無法成長」「現有的工作方式無法改變」，當一個人產生了這樣的想法時，他就成了公司內跟不上眾人腳步的落後者。

2　長期以來從事同樣的工作，無法獲得挑戰新事物的機會

在很多公司經常能看到這樣的情況：由於找不到接替的人，導致當初前景看好的員工被迫長年待在相同部門從事同樣的工作，他們也因而就此失去了成長的機會。

舉例來說，進入公司後，和自己同一時期進入公司的同事們歷經一定的職務輪替累積了大量的經驗，但唯獨自己在財務部門中被特別看重，二十年來始終重複同樣的工作。即便晉升為組長，但從二十五年前開始部長一職始終不曾有過異動，也因此實質上工作內容根本沒有變化。

本該是優秀的人才，因為缺乏變化，結果徹底變成保守且不懂得變通的人。這是實際發生的案例。

3 雖然有換工作與異動，但無論走到哪都被上司責罵

有些人的工作內容會不斷變化，因此並不缺乏刺激，然而卻沒有遇到好的上司，無論走到哪都被上司責罵。一個人會被責罵，或許總有一些原因，但更大的問題應該還是出在上司身上。倘若不斷被上司責罵，首先需要注意的是提防自己因此罹患心理疾病。

持續成長所需的具體方法

我認為，持續成長其實不是一件難事。畢竟對人類而言，成長極其普通，絕非什麼特別的事。而這世上也應該要有「能讓所有人持續成長的方法論和步驟」。

想要持續成長，事前的準備以及養成習慣不可或缺。一個人要是什

麼也不做，是不會平白無故成長的。

只要設定好適當的目標，盡其所能建立自信，並且有意識地累積微小的成功體驗，多與樂觀的人相處，調整好自身狀態，並且找到一同前進的同伴，就一定會有所改變。

如此一來，任何人都能持續成長。

這既是我的信念，也是我親身與許多人接觸、透過實踐所得出的結果。

從第二章開始我將詳細說明，不過，在此我想先闡明本書想要傳達的觀念，那就是「任何人只要以成長為目標，並為此付出一定的努力，就能跨越障礙、不斷成長」。有些人或許只是光抱著「真希望自己能有所成長」這樣模糊的想法，便能產生強烈的成長意願並堅持付諸行動，最終獲得美好的結果，但那也是極少數。此外，這些人應該也很少去思考到「抱持某種特定的意識持續付諸行動，就一定能獲得成長」。

因為他們的成長是「就結果來看獲得了成功」，而非「有所準備並付諸行動後獲得成長」。

當然，從課長晉升為部長，再升為事業部長，接著升任海外工廠廠長，然後成為董事，這種菁英式的晉升路線也是存在的。走這種菁英路線的人，比起公司內的其他人有更好的環境來磨練能力和掌握機會，所以他們肯定不斷在成長。

然而，就算有人能夠認真且明確地立定「成長」和「持續成長」的目標，再藉由職務輪替不斷成長，但其實這類人並不是那麼多。此外，這些人在順利進入職務輪替前，或是在輪替結束後可以維持怎麼樣的成長步調？這些其實都很難說。

重要的是，在大企業中沒能走上這種超級菁英路線的人，是成功走上菁英路線的人的數十倍乃至數百倍。這些人或多或少總有些人生輸家的感覺，或者說至少覺得自己不是贏家。當中有些人會放棄為成長付出努力，或者選擇得過且過，這樣的情況也不罕見。

但這其實是非常可惜的事。

無論是誰，只要不放棄，並且立定明確的目標，再累積一定程度的努力，就能獲得極大的成長。我想讓所有人明白這一點並付諸實踐。

赤羽雄二

目錄

第 *1* 章

妨礙成長的心理障礙

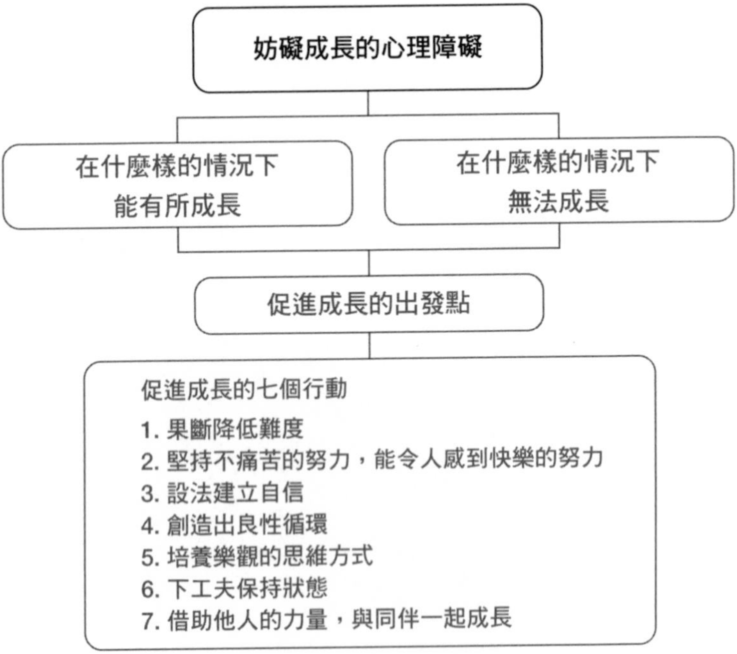
妨礙成長的心理障礙
在什麼樣的情況下
能有所成長
在什麼樣的情況下
無法成長
促進成長的出發點
促進成長的七個行動
1. 果斷降低難度
2. 堅持不痛苦的努力，能令人感到快樂的努力
3. 設法建立自信
4. 創造出良性循環
5. 培養樂觀的思維方式
6. 下工夫保持狀態
7. 借助他人的力量，與同伴一起成長

「反正自己肯定辦不到」

「防礙成長的心理障礙」究竟是什麼呢？最大的障礙就是認為「自己不行」「反正自己肯定辦不到」，然後就此放棄努力。

我感覺有不少人因為貶低自己，因而斷言「自己不可能辦得到」，不敢抱過度的期待。「我都已經五十歲了」，這也是我常聽到的說辭。面對這樣的人，我非常想回問：「五十歲又怎樣？」不過此時，這些人會展露一項共通點——他們總會露出自暴自棄且有些落寞的神情。

也許他們曾懷抱希望嘗試挑戰，卻慘遭打擊或遭人算計，以至於產生了「今後再也不想品嘗這種痛苦滋味」的想法。雖然這是極有可能發生的情況，但抱持這樣的想法未免也太悲傷了。上司、父母、老師或是身邊的人不見得是出於惡意才對他們的期望澆冷水。

另外一種可能的情況是，儘管這些人嘗試挑戰，卻發現難度超乎預期，因而選擇打退堂鼓。

此時，一旦他們心中所產生的念頭是「原本以為沒問題，結果根本就辦不到」「既然那麼難，試了也是白費力氣」，那麼這人就不會選擇再次努力。

但不管怎麼說，在沒有全心全意投入、用盡全力挑戰的情況下就選擇放棄，是一件非常可惜的事。

「曾經失敗過」

在我看來，以「一次都沒成功過」「以前曾失敗過」為由，而打從一開始就放棄成長的人也非常多。

我非常能理解為什麼他們會說出這樣的話。

然而，問題在於這些人並非做好充足準備才嘗試挑戰，而是**打從最初就認定自己辦不到**，根本連準備都沒有。另一方面，沒有進行準備就發起挑戰，結果因此馬上碰壁的人也大有所在。

這些人的情況可以說是「打從一開始就選擇放棄」。

有很多人會反駁我：「你這話是沒錯，但我就是因為做不到才苦惱」，但我還是希望至少不要在全力以赴之前就先行放棄。

「沒有人支持我」

有些人一旦發現事情的進展不順利，就會覺得「沒有人會支持我」「沒有人會認同我」。漸漸地，他們會把身邊的人看作敵人，甚或認為這些人會阻礙自己，心中充滿怨恨。

然而事實真是如此嗎？

確實，世上可能會有惡劣的上司和不友善的同事，不過並非所有人都是如此。

只要我們主動改變待人的方式和態度，成為對他們來說有意義的存在，對方的態度也會產生改變。多數情況下，至少身邊的人不會經常來扯你後腿。

另外，我們身邊願意支持我們的人，其實比惡劣的上司和不懷善意的同事要多好幾倍。他們會盡可能幫助我們，同時也期盼我們能有所成功和成長。可是，如果我們不認為這些人會幫助我們，對方也很難伸出援手。

事實上，對方應該還曾問過我們是否需要幫助。然而，正因為我們無視對方發出的各種訊息，還擺出一副「反正你也不懂，不要多管閒事」的態度，所以對方才會認為幫忙不但是白費力氣還會影響自己心情，也因此與我們拉開了距離。

我們絕對不能認為「沒有人會支持我」「沒有人會認同我」，事實上只要心態、態度、相處方式能稍有轉變，在多數情況下，身邊的人其實是相當能理解我們的。

「動不動就會有人來扯我後腿」

想必還有不少人覺得「不管我做什麼，動不動就會有人來扯我後腿」。可是事實真是如此嗎？

會扯人後腿的同事確實存在。因為他們堅信，與競爭對手正面對決時，不這麼做就無法勝出。

我們來想像一下這種情況：你和一位同事正在競爭某個職位，獲得賞識的一方就能升遷，沒能獲得青睞的一方就只能望其項背。在這種情況下，心胸狹窄且狡猾的人就會想方設法超越對手。為了阻止你獲得升遷，對方有可能使出說謊、暗算之類的手段。

不過上司多半是可以識破誰在耍手段的。假若上司看見你即便被對手扯後腿，卻依然不屈不撓地堅持努力，想必他肯定也會選擇站在你那一邊。

如果上司掌握了狀況，並且能夠阻止兩人之間的惡性競爭是最好不過的。但如果上司不具備這樣的氣魄和能耐的話，鬥爭就無法平息，只能束手無策，這樣的情況也時有所聞。話雖如此，一個人不是透過自己努力爭取，而是籍由妨礙競爭對手來獲得成功，其實是很奇怪的一件事。試想一下奧運的百米賽跑，一個選手不是透過刻苦的練習和努力來提升速度，而是在對手的跑鞋上動手腳、在跑道上撒油，毫無疑問是既消極且卑劣的行為。

然而，這種卑劣的手段在絕大多數情況下是會被拆穿的。堅信這一點，不輕易屈服、堅持下去才是最重要的。

第 2 章

在什麼樣的情況下能有所成長

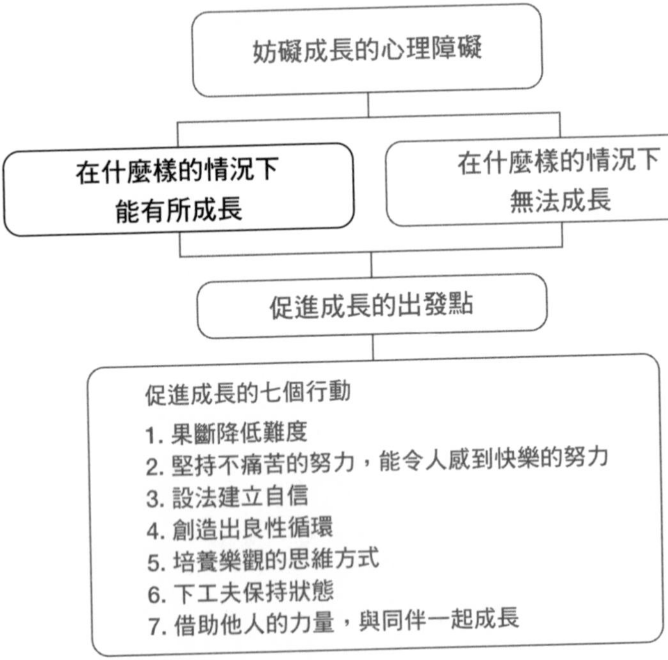
妨礙成長的心理障礙
在什麼樣的情況下
能有所成長
在什麼樣的情況下
無法成長
促進成長的出發點
促進成長的七個行動
1. 果斷降低難度
2. 堅持不痛苦的努力，能令人感到快樂的努力
3. 設法建立自信
4. 創造出良性循環
5. 培養樂觀的思維方式
6. 下工夫保持狀態
7. 借助他人的力量，與同伴一起成長

不知不覺間就辦到了

最能讓人感受到自己有所成長的瞬間就是「在不知不覺間發現自己可以辦到先前所無法完成的事」。

有些人在會議上一旦被要求發言，大腦就會一片空白，一句話也說不出來。然而，在不知不覺間變得能夠清楚解釋自己的想法，進而獲得上司的賞識而有所成長，這樣的情況是可能的。

不管提交多少份企畫案和報告，每每總是被上司批得滿江紅，但在不知不覺間，只需要修改兩三處就能通過，這樣的事例並不罕見。

案子做到一半心生厭煩，就連上司看起來也面目可憎，有時還會暗自咒罵：「誰要在這種爛公司工作。」然而在完成後進行回顧，才發現自己實際上有相當大的成長，這樣的情況也很常見。

在網球界中，有些選手原本並不擅長截擊，但在不知不覺間，他們不但變得能夠出色地截擊，還能穩紮穩打控制球路，此時他們會察覺到這樣的能力已經足以決定比賽勝負。

相同的情況肯定也存在於高爾夫球、滑雪、馬拉松、料理、吉他和鋼琴界中。

這些例子說明了，只要我們全心投入，經常可以在不知不覺間「克服難關」。

我也有過這樣的經驗。

我任職於第一間公司（小松製作所）時，完全沒有機會在眾人面前發言。但是我在進入麥肯錫後，便馬上開始負責演講的工作。

起初並不順利，但即便不熟練，我也依然持續負責演講，不知不覺間我就發現自己在演講時變得駕輕就熟。我並沒有刻意練習，但相對地閱讀了相當大量的報告。

此外，我在麥肯錫工作時，在每個月以客戶為對象的例行會議前，必須製作七十到一百頁左右的報告，為此我在很長的一段時間裡感到痛苦不已。我搜尋了許多關於寫作和製作圖表方面的範本，卻始終掌握不到竅門。

該怎樣下筆才能增加說服力？該怎麼製作圖表才能讓專案看起來更加簡明易懂？剛開始的幾年，我在這些方面下了很大的工夫。完成的報告被前輩跟編輯改得面目全非，我的確也曾感到心有不甘，然而在幾次之後，慢慢地就沒那麼痛苦了。

此外，雖然我有過留學經驗，但是在進入麥肯錫工作之後，我依舊不擅長用英語溝通。但是在首爾的專案開跑後，我便無法以「自己不拿手」「能躲就躲」這樣的心態度日。

然而過沒多久，我就變得能用英語進行一般的溝通。

其實對我而言，最困難的是寫書。我從小就非常不擅長寫作，在所有的暑假作業中，我最討厭的也是作文。我在離開麥肯錫後也完全沒有在經營部落格。

我從答應寫《零秒思考力》到完成初稿為止，前後共費時一年十個月，到出版為止甚至是花了兩年兩個月。完成稿件之所以會耗費這麼久的時間，主要是因為工作太忙讓我遲遲無法動筆。就算自己心中想著「今天來寫稿吧」，也會因為隔天有其他工作的期限而騰不出時間，然後隔天也一樣……長期下來便一直持續著這種狀態。

時至今日，我下筆的速度依舊很慢，會在字斟句酌上耗費大量時間。因此我寫書時總是很辛苦，不過慢慢地，寫書變得不再讓我感到那麼痛苦。

幸運的是，我出版的第一本書獲得了一些讀者的青睞，在那之後便有不少出版社找上我，我就這樣一本接著一本寫下去，目前這本書已經是我的第十四本著作了。

一直以為自己做不到的事，最後還是順利完成

經歷過「一直以為自己做不到的事，最後還是順利完成」的人其實不在少數。比方像大學學測、英語檢定、證照考試等就是典型的例子。

考試讓人感到不安是一定的，只有少數人能滿懷自信迎接考試，絕大多數人的感受是「考試真討厭，最好趕快結束」，因此抱持著逃避心態，在考試來臨前心不甘情不願地準備，最終收穫的是喜憂參半的結果。

一個人如果比其他人能更加保持平常心，調整好自身狀態，持之以恆學習，那麼自然會獲得理想的結果。

還有些跑業務的人在爭取客戶時會認為「有前輩在，自己肯定沒希望」，打從一開始就不抱希望。不過這樣的人有時也會突然掌握到竅

門，接二連三有亮眼表現，最後甚至還取得業績第一名的好成績。

就我自身的經驗來說，我在進入麥肯錫工作第三年四個月左右時，被分派負責首爾的專案。在剛加入專案的前三個月，我碰到了這樣的情況：語言不通，連吃飯都是一件難事。更困難的是我必須管理數十名員工，這種狀況就連在麥肯錫總部都極為罕見。然而在接下來的十年，我持續留在首爾為客戶提供服務，這是我先前完全沒有想過的事。

挑戰困難，獲得成功

成功體驗包括了「挑戰困難，順利完成」。這指的是，當自己看準「只要努力的話就有機會」時，便以此為目標努力，順利取得成果。

能抱持這樣的思維是一件非常幸福的事，因為這表示自己能掌控自己的人生，並且如願以償。

有過成功體驗的人非常幸福，一旦經歷過成功體驗，就會心生「往後也要持續挑戰」「只要勇於挑戰，肯定會順利進展」的想法，所以可以站在比他人更有利的位置迎接下一項挑戰。

這正是創造出良性循環，不斷獲得好的結果，最終得以成長的例子。

但是如果以近乎僥倖的方式獲得一次成功便沾沾自喜，從而過度信任自身能力，那就再也無法獲得成功。這可以說是「成功的反撲」。但人只要能持續成長，就能避免這種情況的發生，因此我們必須抱持不斷探求的精神。

就我個人的經驗來說，大學學測就是這種情況。由於我高中時期成績很好，模擬考的結果也不錯，起初我以為自己不需要重考就能順利上大學，然而在我收到放榜通知時大吃一驚，錄取名單中並沒有我的名字。

在接下來的一年裡，我在補習班拚命唸書，每個學期都拿到很好的名次，最後只花了一年就重考上了理想的大學。雖然就結果來說還算不錯，但我的傲慢和大意導致我不得不重考一年才能順利進入大學。

第 3 章

在什麼樣的情況下無法成長

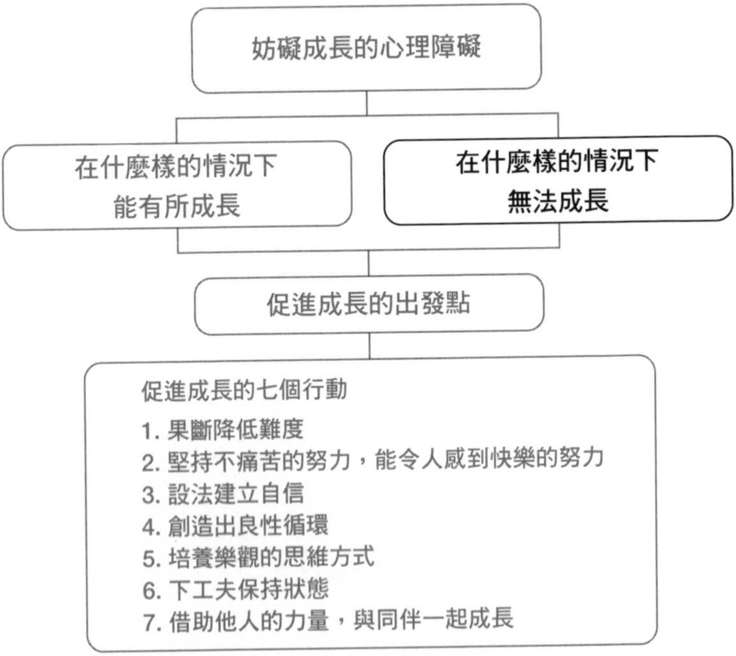
妨礙成長的心理障礙
在什麼樣的情況下
能有所成長
在什麼樣的情況下
無法成長
促進成長的出發點
促進成長的七個行動
1. 果斷降低難度
2. 堅持不痛苦的努力，能令人感到快樂的努力
3. 設法建立自信
4. 創造出良性循環
5. 培養樂觀的思維方式
6. 下工夫保持狀態
7. 借助他人的力量，與同伴一起成長

面對新事物，無法勇於挑戰

一個人如果不勇於向新事物挑戰，那麼就很難成長。倘若日復一日重複相同的事，必定會失去刺激，結果變得只需發揮百分之八十的能力就能夠完成工作，那麼就會逐漸陷入惡性循環。假設現在有一份工作是必須整理大量表單並分析結果，自己前任的人都是用人工的方式完成，而上司也只懂得這樣的方法。由於是人工作業，即使中途出錯也察覺不了，又或者即便察覺到了，也只能全部從頭來過，這樣的工作方法既費時又費力。

雖然曾經聽說過「試算表軟體Excel用起來非常方便」，然而身邊卻沒有人會用。自己雖然也稍微試著用用看，但結果還是無法上手。不曉得你是否有過類似經驗呢？

其實只要在網路上查一下，便能搜尋到上萬篇介紹Excel使用方法的文章。而只要瀏覽十分鐘，便能收集到解決不同問題需求，以及能提升自身技巧的文章。

順帶一提，只要在搜索引擎中輸入「Excel 使用方法」，就能搜尋到約莫六十七萬條結果。撇開大量重複文章不看，還是可以找到所有我們所需要的資訊。

就我自身的狀況來說，我總是想著「要熟悉Excel的巨集功能」，但至今依舊無法精通；此外，在使用資料庫和統計軟體上也是相同狀況。原本我進入麥肯錫工作時就該精通這些能力，但我進入公司後沒多久身邊就多了團隊夥伴，也因此能讓他們來負責處理這些事，這是導致我偷懶的最大原因。我的團隊夥伴非常優秀且對此駕輕就熟，也因此導致我全權委託給他們處理。

凡事都應該自己先去嘗試之後再去拜託他人，否則會漸漸變得不願意挑戰新的事物。

缺乏自信，無法堅持到底

因為缺乏自信而無法貫徹始終的人也很多。不管是誰，對自己感到沒自信的地方總是多於感到有自信處。但是，一旦缺乏自信，就連原本能做得到的事也會做不到，在臨門一腳前猶豫不決，最後導致失敗。

因為這些人只能在黑暗中摸索，不曉得「只要再挖幾公尺就能離開漆黑的隧道，抵達光明處」。此時，若沒有「堅持到底的自信」，說得更極端點，假如沒有「毫無根據的自信」，很難將一件事貫徹到最後。

不過如果是「完全毫無根據的自信」，會變成是單純地在逞強，我所說的自信背後必須有這樣的心態：「雖然說不上來，但是自己應該能克服困難。由於先前有過成功的經驗，這一次肯定也沒問題。如果有不清楚的地方，只要找人商量絕對沒問題」。

我在剛加入麥肯錫時，很想參加其他組的專案，尤其是歐美組的專案，但由於缺乏自信，根本不敢提出要求。但其實當時只要我提出要求，是很有可能實現的。

在身旁的人母語都是英語的環境下，我沒有自信能用不夠輪轉的英語在工作上有所表現。但其實當時還是依舊有很多人進入了歐美組工作，因此我認為一切其實取決於自己是否具備自信心。

如今回想起來，我應該自己主動提出到歐美組工作的要求。至今在面對麥肯錫的國際組時我依舊會感到畏縮，想必是出於這個原因。這樣的經驗給人帶來的只有悔恨。

輸給「不擅長」

任誰都會有不擅長的事。其實有些事本來是自己做得到的，然而卻因為下意識認為自己辦不到，結果導致原有實力無法發揮。這樣的狀況相當可惜。

但是撇開能否發揮實力這一點不說，因為下意識覺得自己不擅長，打從一開始便沒有認真以對的人也大有所在。如果一開始就選擇逃避，那根本也不用談論什麼成長了。

並且很多時候，即使周圍的人抱持著「以保守的角度來看，這個人雖然以前辦不到，但現在的話肯定沒問題」這樣的評價，但很遺憾的是，最關鍵的當事人卻裹足不前。

舉例來說，成為向重要客戶提交企畫書的專案總負責人、使用英語領導國際團隊、為了促進交流擔任團長帶領客戶一同旅行，或是指揮開發新技術的專案等情況。

從能力、交流方式、領導能力等各方面來看，某個人明顯擁有足夠的實力，然而本人卻堅決推辭的例子時有所聞。

這等於是自己主動放棄了十分難得的成長機會。

輸給自卑

無論是誰都會有自卑感，但是如果一個人的自卑感太強，會為行動、人際關係、溝通帶來很大的影響，那麼這個人就會逐漸退步，進而無法成長、停滯不前。不過，我認為當事人只要理解到「實際上幾乎所有人都會感到自卑」，心中如果能產生「什麼嘛，原來如此」「不是只有自己會感到自卑」「社長跟那個傲慢的部長雖然也會自卑，但還是在自己的崗位上努力不懈」這樣的想法，就能讓心情輕鬆許多。

人之所以會產生自卑心理，跟年幼時的心理陰影，以及缺乏關愛而導致自我價值感低落有相當大的關係。自卑的人缺乏自我肯定感，總是會因為感覺不如人而飽受精神上的折磨。他們會過分放大對方的優點，而在檢視自我時卻只會注意到自身的缺點，這種兩極化的看法會導致自卑的人即使面對能力與自己相當的人，也會感到自卑。

這是相當可惜的事。當然，當事人肯定想的是「我也不想那麼自卑」「要是有能減輕自卑感的方法，我也想馬上嘗試」，因此在第四章以後我將詳細說明減輕自卑感的方法。

這本書的宗旨是要讓所有人都能獲得顯著的成長，而最關鍵的一點便是要學會了解「如何減輕自卑」與「保持平常心」的方法。

無法擺脫惡性循環

有些人既稱不上特別有自信，但也沒有什麼特別不擅長的事，也不算自卑，但不管做什麼就是不順利。在這樣的狀況下，一個人將無法獲得成功體驗，也很難獲得成長。

並非有人在扯這些人的後腿，只是他們碰巧一直處於惡性循環的狀態中，因而造就了這樣的情況。

比方說，一種可能的狀況是，在外地出差時碰到地震，但由於某些因素導致無法在第一時間對地震採取措施與收集相關資訊，結果只能憑藉不正確的資訊行動。如此一來就來不及安排貨車和人手，不管做什麼安排都無法對症下藥。

而一旦身陷惡性循環，便難以擺脫。就算清楚明白自己當前的處境，也只能等待惡性循環結束。我在進入麥肯錫工作後的一年半時間，每個月都要為客戶製作一份報告。待解決的問題總是堆積如山，當時由於未能及時對客戶團隊下指示，導致資料分析、分析結果的完成一路延遲，當然也影響到製作分析報告的草案、與上司進行核對等進度，結果直到要向客戶提案的當天清晨我才將發表資料準備完。然而當時辦公室裡一個人都沒有，我只能自己列印需要的份數，並裝訂成冊，在徹夜未眠的狀態下直接前往客戶公司。

這種惡性循環根本無從打破，但是我的抗壓能力倒是有所提升，至於是否有所成長，我只能說只留下了痛苦的回憶。雖然當時的自己後來也逐漸習慣這樣的模式就是了。

但這樣的惡性循環無法讓人學到任何東西，後來我盡其所能避免這種狀況的產生。也或許正因我為此下了不少工夫，日後才會有《零秒思考力〔實踐篇〕》這本書的誕生吧。

第 4 章

促進成長的出發點

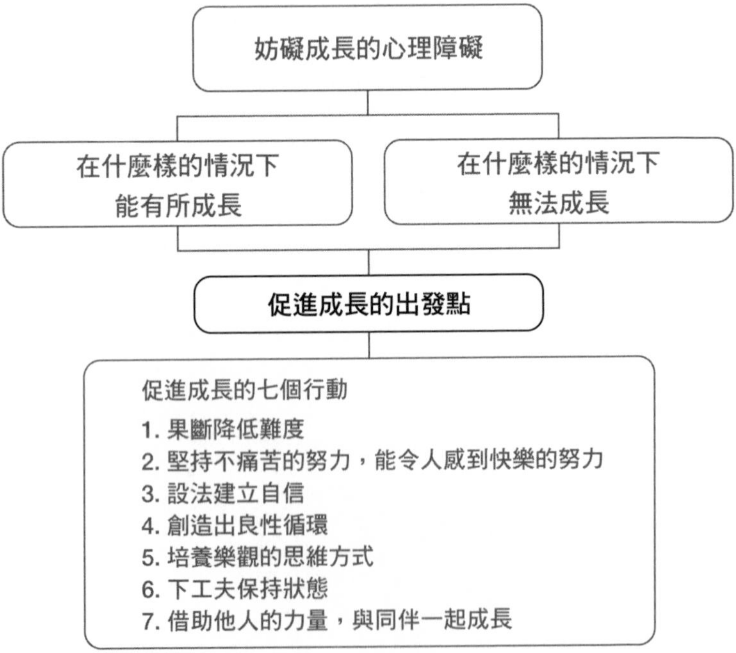
妨礙成長的心理障礙
在什麼樣的情況下
能有所成長
在什麼樣的情況下
無法成長
促進成長的出發點
促進成長的七個行動
1. 果斷降低難度
2. 堅持不痛苦的努力，能令人感到快樂的努力
3. 設法建立自信
4. 創造出良性循環
5. 培養樂觀的思維方式
6. 下工夫保持狀態
7. 借助他人的力量，與同伴一起成長

想要成長，至少要滿足七個重要的條件。只要滿足這些條件便能開始成長，就這個意義上來說，可以將這些條件稱為「促進成長的出發點」。

1　擁有想要成長的意願和目標

第一個促進成長的出發點是「擁有想要成長的意願和目標」。雖然是老生常談，但這項條件是一切的出發點，是不可或缺的條件。

很多人之所以缺乏成長意願，很多時候是出於「沒有自信」「極度畏懼不擅長的事物」「輸給自卑感」「無法擺脫惡性循環」等理由。這世上其實沒有缺乏成長意願的人，但一旦缺乏自信的話，成長就無從談起了。

關鍵在於如何克服這些障礙。就結果來看，最重要的是**「降低門檻」**。

在設定目標時應該考慮自己當前的狀況和心情，如果設定的目標過高可能會降低幹勁。隨著自信心的提升，我們可以試著挑戰稍高的目標，甚至可以挑戰對自己而言難度較高的目標。但在到達這樣的境界之前，我們必需「果斷地降低門檻」。

先從就連目標都稱不上的低標準開始，接著在不斷實踐的過程中就能提升成長意願。立定高目標而受挫的人很多，但立定簡單的目標並踏實執行的人卻出乎意料地相當少。

或許有很多人會認為「太簡單的目標有意義嗎？」然而，就成長的法則來看，無論是多麼簡單的目標，持之以恆地實踐是有其必要的。

2 能夠為成長付出一定的努力

想要成長，就必須為其付出一定程度的努力。我不認為一個人可以不付出任何努力就獲得「奇蹟」般的成長，也不認為人可以平白無故地成長。這樣的事是不可能的。

不過努力可以分為**「持續性的努力」**和**「非持續性的努力」**。

我的建議是，綜合考量自己的性格和狀況，再從「該怎麼做自己才願意付出努力」的觀點出發思考。

「努力」這項行為最辛苦的過程在於獲得成果之前的期間。只要克服這項難關，就能拿出成果，也會加速成長，此時即便不去刻意維持也能持續努力下去。

就這點來看，在所有為成長所付出的努力中，**「剛起步的努力至為關鍵」**。

汽車在發動時也需要動力，如果是手排車，就必須先打一檔，再接著逐漸換檔。努力也是一樣，想要展開行動的話，不可或缺的就是動力。

3 建立「只要願意努力或許自己也能成長」的自信

抱持「只要願意努力或許自己也能成長」這樣的自信和想法非常重要。只要能有這樣的想法，就能開始投身於某件事當中。不需想得過於困難，只要有「毫無根據的自信」就足夠了。只要稍微有想試試看的心情，那麼你就已經站在成長的出發點上了。

但或許有讀者會認為「事情真有那麼輕鬆的話就不會那麼苦惱了」「這項論點太不著邊際」，不過實際上有許多人身處嚴苛環境，卻依然能積極以對。是否能保持積極的心態，取決於「本人的想法」，而非「狀況或環境」。

因此，即便是毫無根據的自信也無妨。我認為，應該先從堅信**「只要願意努力或許自己也能成長」**這一點做起，並將把它言語化。只要說出口了，自己便會漸漸開始產生這樣的想法，而只要開始投身於其中，身邊的人也會漸漸開始對你產生期待。

最不可思議的是，如果我們有意識地降低目標門檻並不斷累積微小的成功經驗，在不知不覺間就會產生「只要願意努力或許自己也能成長」的想法。例如，我們會想「上一次辦到了，這次也辦到了。既然每一次都辦得到，那麼這次肯定也沒問題。」

這便是人的思維的運作機制。一開始覺得無法接受的想法，久而久之有可能會有所改變，變得想要嘗試。個人的潛意識是很有可能像這樣產生變化的。

4 學習創造良性循環

促進成長的第四個出發點是「學習創造良性循環」。單憑個人的力量努力完成一件事並非不可能，只是會很辛苦。更為明智的做法是去思考能有效催生出良性循環的方法，並盡可能地創造出對自己有利的大趨勢，這樣就能讓事情的進展變得更加順利。

雖然我們沒有辦法讓所有事情都隨心所欲發展，但只要經常思考這一點，有時也能將局勢轉往對自己有利的方向進展。

我之所以會有這樣的發想，也是因為自己曾經有過透過不同面向碰巧催生出良性循環的經驗。

如果一個人不管做什麼，打從一開始就四處碰壁，那肯定會心灰意冷。所以在可以創造良性循環時應該多費點心，盡可能為自己打造出有利的條件。

5 不過度悲觀

有些人很容易產生悲觀的想法。不管別人說什麼，他們在接收後會馬上往負面的方向想，自己在內心生悶氣，一旦事態發展不如己願就馬上輕言放棄，這是非常可惜的事。

一個人如果缺乏自信、帶有自卑感和受害者心態，對事物的看法就會變得消極。這是因為消極的思維方式已經變成一種習慣。

雖然這些人會說自己內心深知這是不好的習慣，但就是無法控制。但事情真是如此嗎？恐怕他們只是以「只有消極以對，才不會失望」「對別人沒有期望也就不會失望」為藉口，選擇了逃避而已。

他們或許認為，「我只要表現出悲觀的態度，周圍的人就會設法安慰我，或是幫我解決問題，雖然覺得這樣或許不太好，但就是無法戒掉這習慣」。

一言以蔽之，這種人就是「燙手山芋」或「溫室花朵」。這樣的人會招致周圍的反感，但自身卻渾然不覺。

另一方面，也有人總能保持積極樂觀的態度。消極的人或許會問：「世界上真的有這樣的人嗎？」他們可能會有這樣的疑問：「為什麼他／她可以如此樂觀？」「他們根本沒有體認到事情的嚴重性吧？」但實際情況並非如此。

所有事物都是一體兩面的，同一件事可以從積極的角度去看待，也能從消極的角度去看待，而樂觀的人只是經常用樂觀的眼光看待事物而已。

樂觀的人認為積極的視角能讓一切更有希望，自己的心態也能更加正面，事情更容易朝向好的方向發展。

樂觀的人首先會從積極的角度看待事物，如果碰到困難，會勇於面對與解決，僅此而已。

當然，這種樂觀並不是無視嚴峻的環境和困難的狀況，或只傳達對自己有利的情報並表現得很樂觀，也不是敷衍以對。

或許正因為他們認為，在正確認知事實的基礎上，採取積極的態度去面對會更利於解決問題，也更容易推動事態的發展，所以才能保持樂觀的態度吧。

整體來說，應該採取樂觀或是悲觀的態度，並非由環境和狀況決定，而是**由當事人決定**。也就是說，我們不要過於悲觀，這樣會更利於解決問題，也更利於成長。

能夠用樂觀的眼光看待事物的人，可以多次親身體會到「保持樂觀更容易解決問題」，所以即便感到勉強，也要試著保持樂觀的態度，然後漸漸地就能體驗到當中的精髓。

我希望大家能捨棄「自己不需要別人來告知應該採取悲觀還是樂觀態度」這樣的想法。樂觀的態度才是解決問題時應有的態度，這樣的態度更容易獲得周圍的幫助，也與個人的成長息息相關。

6 將身體保持在一定的良好狀態

保持身體狀態對成長非常重要。原因在於身體層面和精神層面會對人的成長產生直接影響。

身體帶來的影響不言自明。假設一個人經常頭痛、肚子痛，早上起不來，晚上還很難入睡，那肯定無法專注於工作和個人成長。

如果生病了，就必須設法治療。近年來，針對頭痛、腰痛、花粉症等病症的新式療法接連問世，媒體上也時能看到專科良醫的介紹。雖然看病很花錢，但我不以為意，因為養好身體所提升的生產效能所帶來的價值，是所花費金額的好幾倍。

就連被稱為絕症的癌症，只要早期發現也有可能完全治癒，基因檢測技術也在不斷進步。據說在不久的將來，百分之八十的疾病都能被預防。

我認為在當今這個時代，花費一定的時間收集資訊，選擇對自己而言最合適的體檢、預防手段以及治療措施是不可或缺的。這儼然已經成為一種常識，就像是有高成長意願的人必定會具備筆電和智慧型手機，同時還能熟練地利用網路一樣。

即便沒有生病，但若身體狀態不佳，也很可能導致想法不夠積極或影響努力的心情。

慶幸的是目前的我身體非常健康，但一旦睡眠不足，幹勁必定會下降，想要「持續成長」「持續努力，做出成績」的熱情便會減退，因此我總是時刻注意保持充足的睡眠。比方說，無論工作再怎麼忙我也不會熬夜。哪怕只是一、兩個小時，我也會稍事休息後再繼續工作。

想必讀者們也在維持身體健康方面付出了各種努力，而身體健康的價值已經開始日漸被彰顯，其價值是值得我們花費比過往更多的時間與金錢來維持的。

7 找到同伴一起努力

凡事都親力而為是非常困難的。想必也有很多人認為「個人成長和他人無關，一切端憑自身努力」。但事實真是如此嗎？找到同伴，和同伴朝向相同的目標一起並肩奮鬥，會遠比一個人努力來得輕鬆，也更容易成長。

人類是社交性動物，因此同伴是不可或缺的。家人和朋友能賦予我們力量。

或許有人會斷言自己的成長與他人無關，但其實這樣的想法不過是打腫臉充胖子。只要不打腫臉充胖子，自發性地去認識朋友，肯定能找到同伴。

我每年都會舉辦五十到六十場演講工作坊，聽者們只要來參加其中一項活動，馬上就能遇到擁有「想要有所成長」這一共同目標的同伴。要找到同伴並不是一件難事。

或是想知道該怎麼做才能獲得成長的人，很歡迎直接以郵件與我聯繫（akaba@b-t-partners.com），我會在第一時間回覆。

同伴也不一定要永遠和自己一樣擁有相同的目標。像是想達成以往做不到的事這種小目標也無妨，只要可以找到有這種目標的同伴就相當足夠了。

只要知道有人在和自己一同奮鬥，就能成為自己成長路上的動力，也會是相當大的心靈支柱。

第 5 章

促進成長的七個行動

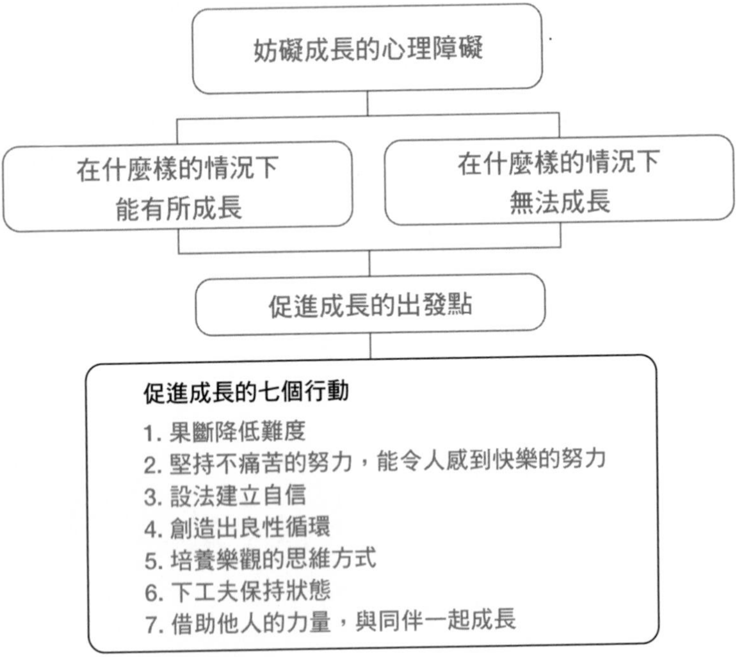
妨礙成長的心理障礙
在什麼樣的情況下
能有所成長
在什麼樣的情況下
無法成長
促進成長的出發點
促進成長的七個行動
1. 果斷降低難度
2. 堅持不痛苦的努力，能令人感到快樂的努力
3. 設法建立自信
4. 創造出良性循環
5. 培養樂觀的思維方式
6. 下工夫保持狀態
7. 借助他人的力量，與同伴一起成長

上一章列舉了「促進成長的出發點」，接下來我們還需要採取七個行動。

1　果斷降低難度
2　堅持不痛苦的努力，能令人感到快樂的努力
3　設法建立自信
4　創造出良性循環
5　養成樂觀的思維方式
6　下工夫保持狀態
7　借助他人的力量，與同伴一起成長

第一點，設定合適的目標，再訂定行動計畫。這一點聽起來或許稀鬆平常，不過關鍵在於**「設定簡單的目標，即便途中停擺也要持續朝**

目標邁進」。

第二點，光是「努力」還不夠，重點在於要「持續努力」。關鍵在於我們需要的不是「辛苦的努力」和「痛苦的努力」，而是**「能讓人感到快樂的努力」**。

第三點，是將「自信」這種乍看之下難以控制的東西轉化為可強化自身能力的思考方式。在以下章節中我將會說明多種透過自信強化自身的方法。

第四點，我將介紹**「良性循環並非偶然的結果，而是由自己主動去創造」**的概念。事實上，良性循環是能夠創造的。

第五點，這點或許有人會覺得理所當然，但應該很多人為此感到困擾，那就是**「能否正向思考取決於個人想法」**，而悲觀的人當然也能夠轉變為正向思考的人。

第六點，這一點在運動界中被視為理所當然，但在運動之外的領域不大受到重視，然而，想獲得成長的話，**保持良好的狀態非常重要**。而且調整狀態還有一門學問在。

第七點是很多人都會忽視的項目。或許很多人會認為「成長是自己的事，不能過度依賴他人」。但我的看法卻剛好相反。我的觀點是「**不斷借助他人的力量，一起成長**，這樣所有人都能受益」。在接下來的章節中我將介紹達成這一點的方法。

或許有人會有這樣的疑問：「想要成長的話，這七項行動缺一不可嗎？還是說只要執行其中一部分就足夠了？」我的回答是「缺一不可」。只要執行了這七項行動，任何人都能明顯地有所成長。

接下來讓我們分別細看每一項行動。

行動 *1*

果斷降低難度

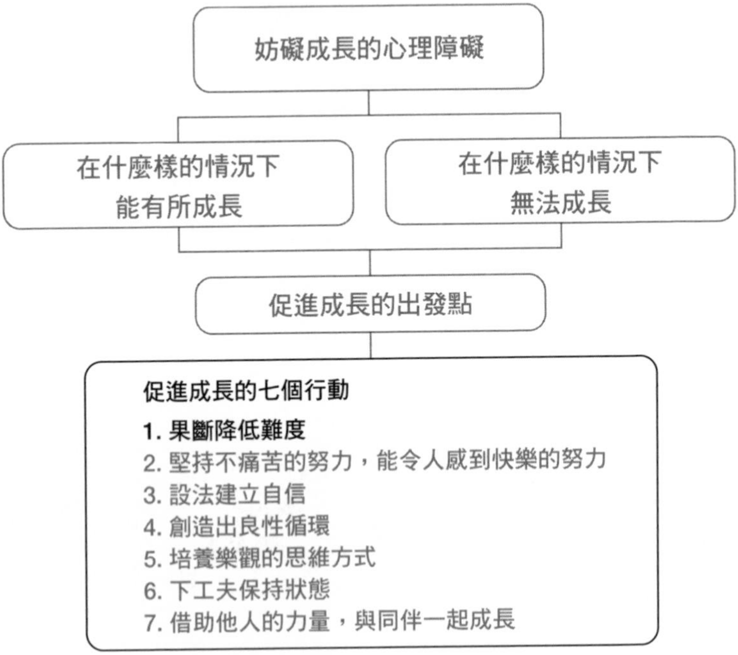
妨礙成長的心理障礙
在什麼樣的情況下
能有所成長
在什麼樣的情況下
無法成長
促進成長的出發點
促進成長的七個行動
1. 果斷降低難度
2. 堅持不痛苦的努力，能令人感到快樂的努力
3. 設法建立自信
4. 創造出良性循環
5. 培養樂觀的思維方式
6. 下工夫保持狀態
7. 借助他人的力量，與同伴一起成長

為何立定了目標卻依舊無法執行

如果能做到「只要立定目標，多半會去執行」「若非碰到特殊狀況，只要下定決心，就肯定會完成」固然很好，但能夠實踐的人其實少之又少。

大家所想的應該是「如果能做到這一點，所有煩惱肯定煙消雲散」。

在此我想探討一下「立定了目標卻依舊無法執行」這種情況。

我認為至少有以下四個理由。

1　大多數人缺乏自信。

2　大多數人沒有信心能夠達成立定的目標。

3　大多數人無法戰勝阻礙實踐目標的誘惑。

4　大多數人不曉得如何克服中途碰到的障礙。

1　大多數人缺乏自信

大部分人似乎都缺乏自信。我透過擔任顧問、舉辦演講和工作坊等經驗獲得許多與人交談的機會，但當中僅有少數人能充滿自信地面對工作以及完成目標。

很多人會認為擁有令人羨慕的學歷並能夠出色完成工作的人一定充滿自信，確實他們看上去也顯得如此，然而我在和他們交談時，卻發現事實並非如此。這些人很多時候會暗自和同事或朋友比較，或是跟學校的學長姊或學弟妹做比較，而比較後很多數會認為「自己不過是泛泛之輩」。

而這種「自己不過是泛泛之輩」的心理在一般人當中似乎更加強烈。比方說，有些人即便比外國人擁有更好的學歷，就職於知名公司，身處的環境也十分優渥，卻依舊會感到自己輸人一截。也因此即便他們在國高中花費了上千小時學習英語，卻依舊無法用英語交流。

為何日本人會普遍存在這種心理呢？

在某些場合，謙遜的確是種美德，但過度謙遜且缺乏自信的現象過於普遍就是大問題了。根據我與諸多國家的人接觸的經驗來看，在他們眼中，日本人格外謙虛且缺乏自信。這無法稱作是美德。

這是一個十分嚴重的問題，因此我一直在思考箇中緣由，我認為原因可能有以下幾點。這也是我自己親身的感受。

有個情況在日本似乎很普遍，那就是無論是在家、在學校還是在公司，大家都很少誇獎別人，總是在指正別人的缺點，將「這裡做不好、那裡做不好」掛在嘴上。這導致很多人自我評價和自我肯定感下降（說不定比例還在持續攀升）。這一點是我的推測。

在經歷國中、高中和大學學測後就職、結婚，每個人在人生路上不斷與周圍競爭，而贏家有贏家的壓力，輸家也有輸家的壓力。就連在一流企業工作的人，如果碰上公司業績溜滑梯，也難逃被裁員的命運，整個社會充斥著陰鬱的氣氛。

至少在我看來，像日本經濟高度成長期那樣樂觀的氛圍，如今恐怕已消失無蹤了。ＧＤＰ持續下降正是最佳的象徵。

我在以顧問身分對日本企業提供意識和行動改革的意見時，首先會徹底提倡「正向回饋」，之所以會提倡這一點是出於以下理由。

正向回饋，指的是上司用正向的態度對下屬進行回饋。如果下屬獲得了重大成果，想必大多數上司都能自然地稱讚下屬吧，然而此處的關鍵在於「再小的成果也要稱讚，而且要當場稱讚」。

哪怕結果不盡如人意，也要從努力等方面稱讚下屬。假如在完成的過程中並沒有出現重大失誤，就安慰下屬：「你盡力了，只要保持下去，下次肯定會更好。」假設搞砸了，就告訴下屬改進的方法並鼓勵他：「雖然這次沒能達成目標，但下次只要像我說的那樣做肯定會不一樣。」

如果所有的上司都能這樣對待下屬的話，即便是像「自己不過是泛泛之輩」心理很強的日本人，也能逐漸建立自信，進而不斷拿出成果。

養成不斷肯定自我的思維習慣，正是意識和行動改革的第一步。

2 大多數人沒有信心能夠完成立定的目標

我對第二項的「缺乏完成目標的信心」這一點感觸頗深。「宣告並完成目標」這樣的行為，似乎與看不慣出鋒頭行為的日本大環境並不契合。

在我的記憶中，似乎從小學開始就幾乎沒有人對我說過「一旦立定了目標就要完成」，而我也沒有足夠的自信能夠完成目標。或許「目標」這樣的概念根本就沒有被認真看待過。

我在為大企業提供服務時，也幾乎沒遇到過「對完成目標自信滿滿」的人。即便強行為他們立定目標，他們也會抱著「這目標真能實現嗎」的心態去嘗試達成。這樣的情況十分普遍。

如果連工作都是這種狀態，那想必他們對於自身是否能夠有所成長也是持半信半疑的態度。

3　大多數人無法戰勝阻礙實踐目標的誘惑

「無法戰勝會阻礙實踐目標的誘惑」這樣的情況也相當常見。

現在假設某個人定下了「因為胖太多，所以要在一個月之內減掉兩公斤以上」的目標。最開始的三天或許他還能堅持，但之後因為剛好某天一整天下來都要參加會議，連吃午飯的時間都沒有，結果導致當天晚上選擇吃炸豬排飯，半夜又以「沒吃午飯」為由吃拉麵，吃完拉麵後又想「應該來個飯後點心」，結果又吃了銅鑼燒。其實這樣的事就經常發生在我身上。

我從幾年前開始立定了「每週更新一次部落格」的目標。然而我有時因為需要處理隔天截稿的工作，在等到終於準備開始寫部落格時已經是凌晨兩點。此時我非常睏，便會心生「明天再說吧」的念頭就上床睡覺。這種情況對我來說始終存在。

4　大多數人不曉得該如何克服中途碰到的障礙

「不曉得該如何克服中途碰到的障礙」這樣的情況也很常見。

例如，即便定下了「在三十歲之前出國留學」這樣的目標，卻無法考到目標的托福分數。明明一直在努力唸書，分數不升反降，這種情況也時有所聞。

還有一種情況也很常見：無法考上理想的學校，卻又不想降低目標，不知道該怎麼做才能爭取到機會，但學生時代參加的活動經驗又不足以打動校方……

說到底，這也是心態的問題。

為何「難度低一點的目標」會比較好

立定目標後**最終半途而廢最主要的原因在於「目標難度過高」**。或許有很多人會志得意滿地認為「如果難度不高就稱不上目標」，或是覺得「目標太低的話很丟臉」，因而不考慮自己的實力和至今所取得的表現，就盲目地立定難度較高的目標。

當然，「一旦定下了目標，就絕對要完成」「無論發生什麼事都要達成」，有這種想法並能付諸行動的人確實存在，不過實際上能夠確實做到的人恐怕少之又少。

至少我做不到，而且也很容易在中途感到精疲力竭。說實話，我甚至覺得能以如此強大的意志去完成一件事，讓人感到有點匪夷所思。這樣的人擁有鋼鐵般的意志，做任何事都能堅持到底，對於他們來說恐怕不需要這本書吧。

最好是先立定一些簡單的目標來作為成長的開端。人在立定目標時很容易萌生幹勁，結果立定一些難以完成的目標，但是立定簡單目標的好處如下：

- 簡單的目標更容易實現。
- 簡單的目標能更快實現。
- 實現目標後，就不會去在意目標的難度。
- 達成目標可以帶來喜悅的心情，無論個人還是團隊都能更加努力。

・簡單的目標可以更快獲得成果，因此還可以接著立定難度稍高一些的「低門檻目標」。

首先，如果目標比較簡單，會比較容易實現。就保持身體健康層面來說，比起「每天跑五公里」，想必還是「每天跑五百公尺」這樣的目標更容易實現吧。

五百公尺的難度比五公里低，於是我們便會心生「那就加油吧」的念頭，如此一來也能拿出幹勁。

此外，簡單的目標可以更快實現。比起「在暑假期間讀二十本書」，「在暑假期間讀五本書」這樣的目標顯然可以更快達成。

另外，完成立定的目標後，我們會留下的只有「自己達成了」的印象，以及達成目標的事實和成功體驗，而非「這個目標究竟是困難還是簡單」。畢竟在成功後，我們不會冷靜地去回想「其實那時候定下的目標很簡單啊」。

只要立定並達成了簡單的目標，無論是怎樣的目標，都能為人帶來喜悅。這樣一來，個人和團隊都能拿出幹勁，然後就會想著「要再接再厲」。即便是想法再獨特或是想法再消極的人也必定會產生這樣的情緒。

最後一點，由於立定簡單的目標能更快獲得結果，接下來，自然會想立定難度稍微高一些的「低門檻目標」。如果是只牽扯到個人的情況下，可以自行立定目標；但如果是牽扯到團隊，則難免在團隊內會有人說一些消極的話，或是對立定目標這件事嗤之以鼻。此時只要團隊負責人負責立定「低門檻目標」，帶領團隊朝實現目標的方向前進，則會較容易指揮。

即便中途停擺也要堅持完成目標

還有一點也很重要，那就是只要制定了行動計畫，即便中途停擺也要堅持完成。就算中途停擺，但只要能繼續未完的部分，就稱不上是計畫受挫，只要接著一步一步、踏實地向目標前進就行。

如果內心想著「自己已經停下腳步，之後就算接著做下去也沒有意義」，一直蹉跎停擺，時間一眨眼就過去，這樣一來，很有可能就會迷失下一步的努力方向了。

如果就此中途停擺便是「計畫受挫」，然而在停擺後只要重新接著繼續下去就稱不上「計畫受挫」。

我們不該想著「既然已經停擺，那再繼續下去也沒有意義」，應該去想「停擺也沒關係，只要之後接著繼續做下去就好」，如此一來即便中途停擺，也能夠繼續努力完成目標。

行動 *2*

堅持不痛苦的努力，
能令人感到快樂的努力

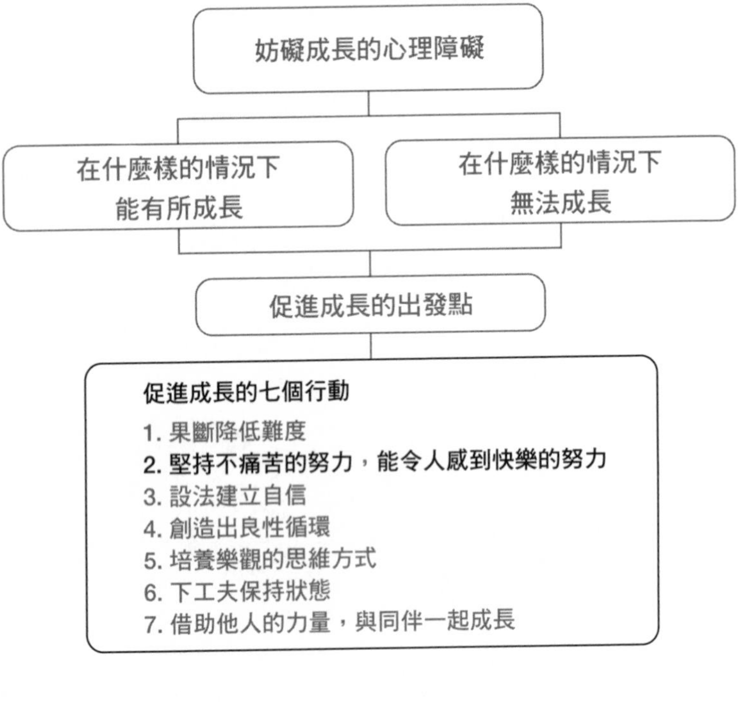
妨礙成長的心理障礙
在什麼樣的情況下
能有所成長
在什麼樣的情況下
無法成長
促進成長的出發點
促進成長的七個行動
1. 果斷降低難度
2. 堅持不痛苦的努力，能令人感到快樂的努力
3. 設法建立自信
4. 創造出良性循環
5. 培養樂觀的思維方式
6. 下工夫保持狀態
7. 借助他人的力量，與同伴一起成長

努力很痛苦嗎？

努力很痛苦嗎？「努力」一詞帶給人的印象似乎是痛苦的。或許認為「自己不擅長努力」的人應該不少。從「努力」這個詞彙的構成要素來看，它所帶給人的印象或許有點沉重。

但如果用「想做某件事、想朝理想目標邁進的一小步」的觀點來看待努力，那麼努力似乎並非很痛苦的事。

長久以來，我們的祖先千方百計從在森林或草原採摘果實的生活過渡到依靠栽培馬鈴薯、小麥、水稻等農作物生活，擺脫了過往需要花費數星期拚命追捕獵物的狀態，將部分動物馴養成家畜。但這樣的行為並不讓他們感到努力的痛苦或麻煩，因為在那過程中還包含著發現、成長和發展。

至少在當今的日本，幾乎沒人會「餓死」。想必正在閱讀這本書的人，目前的生活應該也稱不上窮困吧。

或許正因如此，在我們有了「想比現在有所成長」的念頭時，成長所需的「努力」反倒成了意想不到的障礙。

但是，換個角度來看，我們可以思考如何在努力的方法上下工夫。因為「努力」一詞給人的印象是「得加油」「不曉得結果會如何，反正就是硬著頭皮做」。

但在「在努力的方法上下工夫」，應該能產生一些不一樣的想法。如此一來，原本讓人感到痛苦的努力，就不再是沉重的事了。讓我們試著這樣想吧：「努力會帶來結果，努力是讓人開心的事」。

我認為，只要別把「努力」想得太沉重，或者不要太在意這個詞，就會帶來很大的不同。因為只要這樣想，就能用比起以往更輕鬆的心情進行挑戰，進而帶來成果了。

持續的努力不可或缺

話雖如此，想要有所成長，「持續的努力」不可或缺。如果沒有持續的努力，就不可能在一個月之內減掉兩公斤體重，也不可能每天堅持練瑜伽，更不可能堅持寫部落格。若不是每天堅持跑步，恐怕也不可能跑完馬拉松吧。

只要掌握了能實現「持續的努力」的思考方式、價值觀和生活習慣，就能不斷收穫成果。

而當前應該設定的目標是「要是今天做到了，明天也要繼續」「不要過於勉強自己，讓明天也能持續下去」。這樣一來，我們堅持的天數會從一天變成兩天，兩天變成三天，然後變成一週，進而變成兩週、一個月、三個月。

在每週的讀書會上發表感想、每個月參加一次研討會、每週上一堂鋼琴課、或是購買多堂數的英語會話課等，這些都是能支撐努力持續下去的機制。

不痛苦的努力就能堅持下去

每當我們想到「努力」一詞，內心所浮現的是「非做不可，好煩」。然而，「今天做完瑜伽之後心情特別好，明天也繼續吧。」「今天讀了書後學到不少東西，很開心，還想再多讀一些。」像這種「不痛苦」的觀點也是存在的。

一開始我們只要先去思考從哪一個階段下手阻力比較小，同時也可以更快感受到努力的喜悅，漸漸地就能認知到「不痛苦的努力」，也就能持續努力下去了。

以下我列舉了幾種對我而言並不痛苦的努力。

- 參加大量的研討會和活動，獲得與人相遇和學習的機會。
- 讓這些相遇可視化，轉化為今後活動的靈感。
- 舉辦大量的演講及工作坊，深化其中的關聯性和自己的想法。

首先，一定要多參加研討會和活動。只要參加了，肯定會遇到優秀的人，人脈也會不斷擴大。在這些場合中能學習到自己所不瞭解的知識，也能帶來恍然大悟的體驗，或是理解一直以來未能釐清的事。

我之所以能擁有廣闊的人脈，是因為我在離開麥肯錫後參加過無數的研討會和活動。我的經驗不算特別耀眼，但卻能夠出版十四本書，也正是出於這個原因。

第二點指的是設法將人脈可視化，再進一步強化人脈。在某個地方遇見一個人，結果那個人邀請我參加其他的研討會或活動，於是又遇見了某人……我會用PowerPoint仔細記錄下這樣的過程。

透過瀏覽製作好的PowerPoint，「現在這個活動開始的契機是什麼？」「是因為對方在第三屆、第四屆之前邀請我參加了這個活動」「怎樣舉辦研討會才更好？」等資訊一目瞭然。我會以此為基礎，決定參加哪些活動，放棄哪些活動，有效利用時間。

然後是第三點，我一年會舉辦五十到六十場演講及工作坊。這些活動會為我帶來全新的邂逅，而且我為了做好演講的準備和演講，的確也深化了自己的想法。我除了能與前來參加演講的聽眾加深關係，還能藉此機會全方位拓展人際圈。

至於工作坊，我每次都會下很多工夫，因此在最近三年左右我的變化尤其明顯，這已然成為一種動力。大膽的計畫不斷誕生，在麥肯錫工作的時候根本無法獲得這種經驗。

像這樣透過建立人脈、舉辦演講和工作坊，讓我直接獲得持續性的成長，這樣的方法對任何人來說，都是猶如特效藥一般有效的精神食糧。

但想必也有不少人會覺得「演講的難度未免有點高……」，不過這絕非一件難事，同時也是實際上辦得到的。就讓我來簡單說明一下步驟吧。

1　首先閱讀大量自己喜歡、有興趣的主題的相關文章。用相關的關鍵字搜索，盡量閱讀一百篇以上感興趣的文章。在找到有趣的文章或部落格時，如果同時也有前幾期的文章，我建議最好也瀏覽一遍。若是一位專家或記者能寫出真正有用或者具洞析力的文章，那麼過去的舊文章肯定也同樣出色，也因此我在發現新的作者時心情會相當雀躍。

約莫只要花上兩小時，至多三小時，就可以閱讀不少文章。只不過，從收集資訊的效率以及列印看過的文章、儲存、再利用等方面的便利性考量的話，我不太推薦大家使用智慧型手機和平板電腦，使用一般電腦搭配大螢幕的效果會比較好。

2 如果在閱讀過程中發現新的關鍵字，也要即時搜索，尋找相關文章。接下來再閱讀五十至一百篇新文章。如果發現了好文章，也要把前幾期的舊文章讀過一遍。

3 將透過這種方式掌握到的關鍵字全部登錄到「Google快訊」中。Google快訊會在每天早上指定的時間，將包含指定關鍵字的文章一網打盡傳送給使用者，比起策展工具APP更有用，而且完全不會出現不相關的文章。

4 一開始先閱讀一百到一百五十篇以上的文章，在Google快訊中登錄二十到三十個關鍵字，光是堅持閱讀每天早上收到的文章，幾個月後就能掌握大量知識。如此一來，必定能培養出具洞悉力且獨到的觀點。

5 接下來，再利用自己所掌握的洞悉力和獨到觀點持續更新部落格。有很多人平時會隨意寫部落格，如果鎖定主題，再細心地收集資訊，想必就能在該領域中寫出引人矚目的文章。比如比特幣、區塊鍊、金融科技這個領域目前的動向，美國的數位醫療動向，又或者人工智慧和基因治療領域的動向，依附障礙和發展障礙等領域的動向等等。先大量閱讀自己感興趣的文章，然後以此為基礎，持續每週更新一至兩篇部落格文章。

6

幾個月之後，當你寫出的文章累積到數十篇時，只要有一定程度的瀏覽量，就會開始收到參加會議或舉辦小型演講的委託或邀約。由於目前讀書會熱潮相當風行，我認為只要鑽研感興趣的領域並不斷發表文章，就很有機會收到舉辦演講的委託。

一旦拿出了成果就會開始感到愉快

一旦獲得成果，就能逐漸從付出努力這件事中感受到快樂。

「昨天第一次跑完一千公尺，並沒有那麼難受。非但如此還覺得很爽快。」

「今天跑完一千五百公尺，讓我驚訝的是並沒有很辛苦，自己甚至還能欣賞沿途的景色。」

只要像這樣瞭解到自己的能力正在急速上升，就會無比開心。

原本我是很不擅長寫作的人，過去總是想著「可以的話希望避免寫文章」，然而在偶然的因緣下，我出版了《零秒思考力》一書，很快便賣出五、六萬本，在那之後我之所以能接二連三地出書，也是源自同樣的道理。

在我小學二年級時，父母曾逼迫我學鋼琴。當時我始終感到很厭煩，不過等到我上小學六年級時，變得開始能演奏蕭邦的曲子，在那之後我便喜歡上彈鋼琴。一開始纏著父母買鋼琴的姊姊學沒多久就半途而廢，然而我卻堅持學習下去，想想這也很不可思議。

另一方面，我目前還在摸索減肥的方法。其實只要稍微努力一下體重就能下降，所以減肥本該是件挺開心的事，但我卻始終抵擋不住誘惑，一不小心就吃多，始終無法瘦下來。也因此我一直在思考，對自己而言怎樣的努力能堅持下去，怎樣的努力無法堅持下去。

痛苦與否完全取決於個人想法

到頭來，我發現痛苦與否完全取決於個人想法。能否有「總之撐下去就是了」這樣的想法，可能會決定自己能否樂在其中。

如同我在前文中所提到的一樣，自己在學習鋼琴的過程中，突然感受到了彈鋼琴的快樂；在大學學測考試之前，我身邊總是有競爭對手，拜此所賜唸書才沒有那麼讓我感到痛苦。現在每週日晚上的網球也是，雖然得特地出門一趟很麻煩，但打網球的暢快感讓我得以轉換心情，也因為一起打球的朋友感情很好，讓我堅持了下來。

我平時舉辦相當多演講及工作坊，雖然非常辛苦，但參加者的回響很熱烈，同時對自身的成長也很有幫助，於是我便堅持了下來。

另一方面，我原本下定決心每天持續做瑜伽和減肥，想養成「吃東西時咀嚼三十次再下嚥」的習慣，然而遺憾的是減肥對我來說始終是一件苦差事。

關於「痛苦與否完全取決個人想法」這一點，我用以下幾點試著重新思考了一下。

・究竟是喜歡，還是不討厭？
・是否會覺得很麻煩？
・可以快速獲得成果嗎？
・身邊是否有同伴？
・能否從多面向感受到從中獲得的好處？

真正重要的還是自己是否「打從心底喜歡這件事」。如果回答是肯定的，那麼就不會感到「痛苦」了，反而會感覺「快樂」。或者說，即便算不上非常喜歡，只要沒有到討厭的程度，想必也不會感覺到痛苦。

另外，是否覺得「很麻煩」也是很大的要因。如果只是稍微有點麻煩或許還能堅持下去，但若是很麻煩的話，「CP值」可能就不高了。同時也必須考慮自己「是否真心喜歡」。如果打從心底喜歡正在做的事的話，即便非常麻煩也不會感到麻煩吧。

在還不夠投入的階段，「能否快速獲得成果」非常重要。對我而言，剛開始學習彈鋼琴時非常辛苦，但等我慢慢上手後，馬上就看見了成果，也因此我才喜歡上了彈鋼琴。

「有同伴」這件事也很重要。身邊只要有同伴，就能夠堅持下去。我在高中和大學時參加的運動社團都有同伴，只要這些同伴在身邊，痛苦的練習也會變得快樂起來。

關於「能否從多面向感受到從中獲得的好處」這一點，換言之就是指能否不斷拓展結果。只要可以獲得這樣的結果，人就會比較願意堅持下去。對我而言，參加研討會和活動、舉辦演講及工作坊、寫書等行為正好符合這一點。

行動 3

設法建立自信

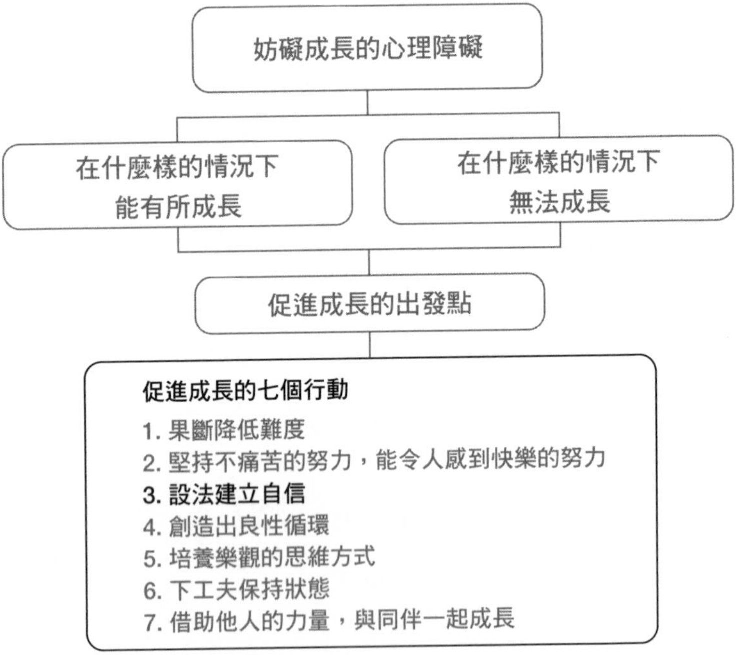
妨礙成長的心理障礙
在什麼樣的情況下
能有所成長
在什麼樣的情況下
無法成長
促進成長的出發點
促進成長的七個行動
1. 果斷降低難度
2. 堅持不痛苦的努力，能令人感到快樂的努力
3. 設法建立自信
4. 創造出良性循環
5. 培養樂觀的思維方式
6. 下工夫保持狀態
7. 借助他人的力量，與同伴一起成長

在促進成長的方法裡，有一個非常有效卻鮮少有人使用的方法，那就是「設法建立自信」。此處的重點並不在於「自己是否有自信」，而是**「想盡各種辦法建立自信」**。

這世上有「有自信的人」和「沒自信的人」，但有自信的人並非天生就有自信，絕大多數有自信的人為了建立自信都下過不少苦功。接下來，我想針對這一點進行說明。

或許有人會說：「話雖如此，但就是沒自信才困擾啊。」不過，這麼想恐怕就錯了。

建立自信的方法其實很多，而且效果非常顯著。希望對自己沒自信的人務必嘗試看看。

獎勵努力過的自己

那麼，究竟有哪些辦法呢？首先，一定要「獎勵努力過的自己」。這一點，應該不少人都有過經驗。

我經常會聽見有人說「用甜點來獎勵努力過的自己」這樣的話。然而，似乎也僅止於此，大多數人在這之後就再也沒有後續了。

其實光是這樣還不夠，為何不再更認真點獎勵自己呢？我們應該毫無保留地獎勵自己。事實上，有個非常簡單且極其有效的方法，那就是我在《零秒思考力》一書中介紹過的「Ａ４筆記訓練法」。

比方說，如果是在進行低碳水化合物減肥，可參考下一頁上半部分的方式來寫。

又或者是努力跑完三千公尺的情況，可參考下一頁下半部分來寫。

這項行為看上去或許有些愚蠢，說穿了不過就只是動筆將腦中浮現

● 利用「A4 筆記訓練法」獎勵努力過的自己

今天也成功忍住沒吃拉麵　2016-7-1

—雖然晚上肚子很餓，但我忍住了沒吃拉麵
—只要當下忍住了，就能堅持不吃
—忍住不吃最好的一點就是，隔天早上不會覺得胃脹
—身體感覺比較輕快，最主要是身心舒暢
—還好有忍住。自己真棒！繼續保持下去！

雖然今天外頭下小雨，但我還是跑了三千公尺

2016-7-1

—因為外面在下小雨所以很猶豫，不過最後我還是堅持到底跑完了
—跑起來果然很舒服，心情暢快
—跑步的速度變快，感覺成效正在顯現
—能像這樣堅持跑完的感覺非常棒
—感覺自己能夠一直保持下去

的東西寫下來而已。不用字斟句酌，也無需過度思考，單純為自己動筆即可。只要寫成筆記，就會帶來意想不到的效果。

而這麼做之所以能帶來效果，原因在於這樣能幫助我們將腦海中模糊的念頭轉化為明確的語言。親眼確認自己所寫出來的句子能進一步加深印象，這項行為可以告訴我們自己正在進行努力的事實。

這樣的行為有點類似強迫自己不斷地發表正向言論，如此一來想法就能漸漸變得積極；但倘若總是說些消極的話，想法也會愈發走向負面。

有相當多讀者嘗試過我在《零秒思考力》一書中介紹過的「A4筆記訓練法」，我自己也曾在演講及工作坊上，讓在場數千名的聽眾當場試寫。我還經常收到「才寫一頁就覺得心情暢快」「寫完覺得很開心」這樣的回饋。還請大家盡情地、大膽地獎勵自己。實際上，周圍的人根本不會去細數我們付出過哪些努力，就連我們自己也不會去思考這樣的事。

因此，像這樣寫在Ａ４筆記中的內容或許乍看之下全是廢話，但實則不然。透過刻意地文字化，我們能看出自己在哪些方面付出了努力，在哪些方面的努力還不夠。

但是有一點需要特別注意：不要在意他人的目光，按照自己的想法書寫。說穿了，這是為自己寫的筆記，還請讀者們遵循內心的想法，想到什麼就坦率地寫下來。

不要過度美化自己，也無需低估自己，寫出自己真實的現狀才是關鍵。如此一來便能由衷獎勵努力過的自己。怎麼樣都找不到可以讚美自己哪裡的人，也請嘗試寫一點自己曾付出過努力的事。一直抱持負面的看法對自己並沒有任何益處。

我認為既然大家正在閱讀這本書，就擁有一定程度真正「想要成長」的決心。還希望大家不要只是做表面工夫，請務必嘗試看看。

「A4 筆記」的寫法

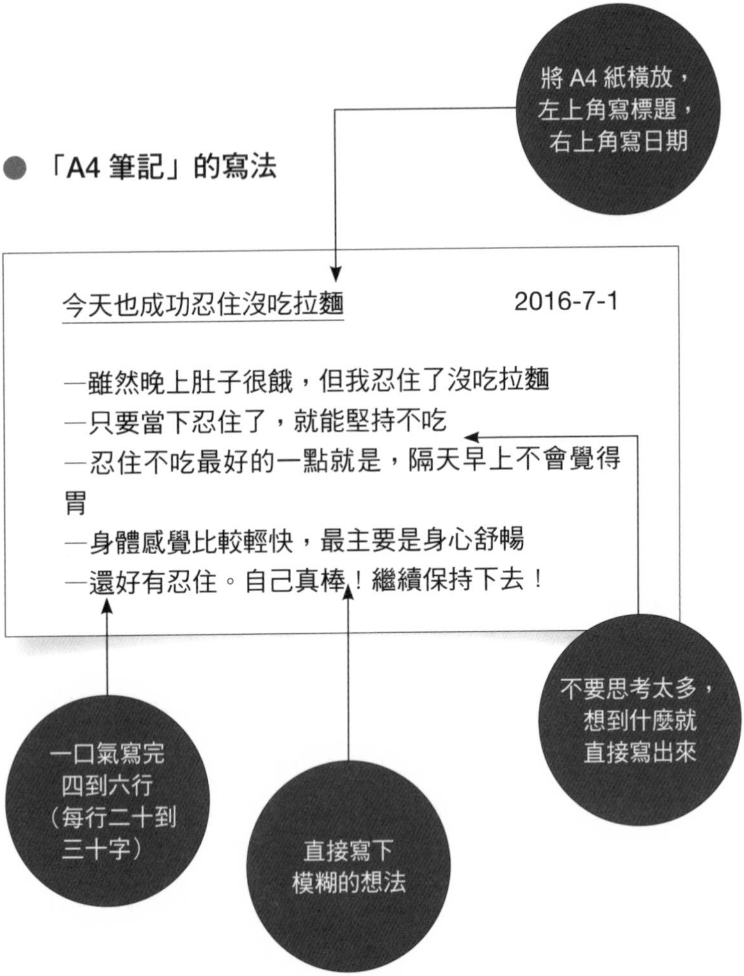
將 A4 紙橫放，
左上角寫標題，
右上角寫日期
今天也成功忍住沒吃拉麵
2016-7-1
—雖然晚上肚子很餓，但我忍住了沒吃拉麵
—只要當下忍住了，就能堅持不吃
—忍住不吃最好的一點就是，隔天早上不會覺得胃
—身體感覺比較輕快，最主要是身心舒暢
—還好有忍住。自己真棒！繼續保持下去！
一口氣寫完
四到六行
（每行二十到
三十字）
直接寫下
模糊的想法
不要思考太多，
想到什麼就
直接寫出來

另外，關於寫筆記的方法，我還要補充以下幾點：

- 寫筆記的時候不要思考太多，想到什麼就動筆寫下來。
- 將Ａ４紙橫放，在左上方寫標題，右上方寫日期，一口氣寫完四到六行（每行二十到三十字）。
- 將心中模糊的想法直接寫下來比較好。
- 將寫好的筆記分別裝入七到九個文件夾中後便大功告成。

關於「Ａ４筆記訓練法」的寫法詳情可以參閱《零秒思考力》這本書。

累積微小的成功體驗

要建立自信，最有效的方法就是「累積微小的成功體驗」，這樣便能逐漸正向評價自己的能力。

打網球也有無數的成長階段，比方說學會打觸地球、即便用力回擊也能將球的落點控制在對方界內、降低第二發球失誤的機率、提升第一發球的成功率、精準截擊等等。

哪怕是微不足道的成功，只要不斷累積微小的成功體驗，就能逐漸產生「網球愈打愈好」的自信。漸漸地，我們會對自己的成長產生足夠的自信。

在工作上也是一樣，比方善用前輩的資料快速將資料製作完成、在會議上的發言獲得上司認可、在團隊中討論問題時發動一定程度的帶頭作用、將客戶的意見彙整為報告受到讚賞等等，這些都是微小的成功經驗。

只要邊看邊學，不斷累積微小的成功體驗，一定能夠強化自信。

然而遺憾的是，上司基本上不會為我們創造條件。因此，我們應該有意識地創造能獲得微小成功體驗的情境，多做準備工作，不斷挑戰，逐漸累積成果。這樣一來，自然能帶動自己的情緒。

反過來，在公司內有下屬或後輩的人，請務必為他們創造這樣的機會。「透過累積微小的成功體驗改變自己的心境，進而變得更加積極、更加有自信，接著進入良性循環」，人一旦有過這樣的體驗，便能產生「自己有可能做得更好」的想法。

請拋棄「上司都不曾這麼對待過我，為什麼我非得這樣對待下屬和後輩」這種想法。比起「每次付出必求回報」，「付出再付出」的收效更大。

此外，無論在哪個領域，教人的一方肯定會比被教的一方學到更多。而且我們付出的愈多，大多數情況下所能收穫到絕對更多。只要以豁達的心態與他人往來，日後一定會有好事發生。

與願意誇獎我們的人相處

我們需要設法讚美自己，創造並親身經驗微小的成功體驗，藉此一步步建立自信。在此基礎上，如果還有願意誇獎我們、認可我們的人，那就更有效果了。

如果身邊有願意誇獎我們和認可我們的人，那是非常幸福的。請一定要珍惜，只是這麼幸運的狀況並不常見。

倘若身邊沒有這樣的人，那就需要主動尋找了。

或許有人會覺得「怎麼可能會有人願意誇獎我，沒有人會刻意這樣做」，不過這也不是絕對的。假設打從一開始就採取消極的態度，那麼一輩子都不會遇到想要誇獎我們的人。在我看來，只要像找工作跟找結婚對象一樣，下意識地去尋找就可以了。

那麼，究竟該如何尋找呢？最好的方法恐怕是在職場和工作以外的時間找到以下幾種人，並盡可能多花時間跟他們相處。如此一來，身邊自然而然會有誇獎我們的人在。

- 性格開朗、積極樂觀的人
- 認可自己的人
- 懂得「正向回饋」的人
- 不會嫉妒、使壞的人
- 在一起讓人感覺開心的人

跟找工作和結婚對象比起來，尋找這樣的人應該會容易不少，因為這並不是要你去占有某個人。試著去找到一個開朗、豁達且表裡如一的人吧。

盡可能遠離否定我們的人

很遺憾的是，世上也有喜歡「否定別人、說別人壞話，並且暗地裡要手段，總說些破壞別人心情的話」的人，而且還為數不少湉。我認為我們只能盡可能遠離這種人。人生短暫，不要把時間浪費在這種人身上。

當然，有時候是因為意見相左或是誤解而導致對方的言辭尖銳。為了防止事後後悔，在衝突的當下應該要先仔細聆聽對方的發言，在確定雙方之間不存在誤解的情況下再做出決定。只要能消除誤會，對方的態度也會隨之改善，這樣的情況也是有的。

只不過，有時如果仔細傾聽對方的解釋，對方可能會誤以為自己的觀點獲得認同，或是認為我們認輸、跟他站在同一邊，這樣反而會讓我們陷入進退兩難的窘境，因此需要多加小心。畢竟在對方產生這樣的誤解後再拉開距離的話，對方可能會說出非常難聽的話。

先試著聽對方解釋，如果認為「對方果然是在否定我、是個性格惡劣的人」，那就只能遠離這個人了。

不過關鍵的問題在於，如果對方是上司、父母、丈夫或妻子、男女朋友那該怎麼辦？

如果對方是上司，建議跟同事或前輩商量。首先需要確定問題不是出在我們身上，然後在自己還沒遭受劇烈的精神打擊前，去找上司的上司或是找人資協調，申請調換部門。

這種問題並非忍耐就能解決，而且忍耐也無法讓我們有所成長。身邊肯定會有人面露理解的表情並且告訴我們「暫時先忍一下」，可是一旦等到心理層面出現問題那就為時已晚了。

如果對方是父母的話，我認為應該盡早搬出去自己住。或許在高中畢業前有困難，不過在畢業後，應該多少有辦法遠離家人。很多時候並不是只要試著忍耐就一定能習慣。與父母疏遠的確是件讓人遺憾的事情，但跟否定我們的人朝夕相處的話，就不用談成長了，孩子並不是父母的寵物。

很多時候，父母的虛榮心或不安會反映在不停地否定小孩的行為上，此外父母還會產生一種可怕的僵化概念，就是「錯不在己（父母），而在小孩身上」。如果是這樣的話，就只能選擇逃離父母了。

對方是夫妻或者男女朋友的情況也一樣。關係若是走到所謂的家庭暴力及言語暴力這一步，基本上已經無法修復了。有些人因為害怕對方報復，想逃但卻不敢逃。但是如果不逃的話，處境只會變得更加悽慘。身處這樣的情境是容不得半點猶豫的。

或許有些人會覺得奇怪，「這不是幫助成長的書嗎？為什麼內容卻是『盡可能遠離否定自己的人』？」如果有這種想法的話，存在兩種可能，一是對這類問題的理解不夠深，再一個就是始終對這樣的問題裝作視而不見。

可以預見到，在顧慮他人想法、多一事不如少一事的日本社會中，有人會認為我所提出的解決方法「欠缺人情味」，不過，既然本書旨在從正面探討「進一步成長」「建立自信」這樣的主題，那麼這個問題是無法迴避的。

當前的日本社會的封閉感很強，加上核心家庭與日俱增，這樣的問題正在持續惡化中，因此更加需要留意。

竭盡所能

就建立自信而言，「竭盡所能」非常重要。或許可以說，重要的是「學會想辦法」。有不少人會來找我商量，表達自己「想成長」的意願。我在聽他們大致訴說狀況後通常會問：「試過這個辦法嗎？」「那個辦法呢？」「這樣的事做得到嗎？」然而普遍的回答多半是沒有採取過行動。

真正有心成長的人，其實稍稍認真思考便能想出方法，創造出無數良性循環的機會。但即便如此，很多人還是會說「啊，我都不知道」「一直沒想到」「從來沒試過」。

很多人嘴上說想成長，卻不曾去思考「怎麼做才能成長」。其實只要稍微嘗試一下就能有很多收穫，但本人卻不付諸行動，這樣非常可惜，無異於是空口說白話。

那麼，究竟該如何「竭盡所能建立自信」？光是隨便舉例，就能列舉出以下方法。

- 嘗試比別人多做一些事
- 嘗試比別人多花一些時間
- 嘗試加快速度，試過幾次之後再恢復原來的速度
- 嘗試使用與先前不同的做事方法
- 嘗試使用與先前不同的做事順序
- 不斷重複ＰＤＣＡ（Plan→Do→Check→Action）
- 拜託同事和朋友，請他們扮演特定角色
- 嘗試請教有自信的朋友
- 嘗試挑戰更高難度的事物
- 嘗試與別人一起完成一件事

・交給別人做
・嘗試放棄親力親為
・嘗試去做自己交代給下屬的事
・學會自己想辦法

總之，我們可以想出無數種方法。還請逐一去嘗試以上列舉的方法。此外，在竭盡所能建立自信時，需要注意以下幾點事項。

1　不要急著下結論，多嘗試不同的方法

大多數人覺得自己思考過、也下過工夫，於是一直沿用自己過去使用的方法。畢竟沿用過去的做事方法很正常，自己也覺得沒有問題，因此很難萌生嘗試新方法的念頭。身處這樣的情境下多半會有「之前

用那個方法曾經失敗過」「用那樣的方法不可能成功」的刻板想法。此時需暫時拋開這樣的想法，試著嘗試使用各種不同的方法。

2 即使無法立即見效，也要持續觀察一段時間

第一次使用某種方法時，不可能在一開始就拿出絕佳的成果。在反覆嘗試與犯錯的同時，還需要一面觀察情況。

3 不懂時馬上請教具備相關知識的人

現在在網路上有時只要隨便問個什麼問題，就會有人說「你自己Google！」這是萬萬不可取的。當然，在問問題前最起碼應該先自己查過，在依舊無法解決問題時，應該去請教具備相關知識的人。職場環境中必須創造出這樣的風氣。

4　徹底提升效率

想嘗試不一樣的做事方法，就必須注重速度。即便行事方法本身沒有變化，只要加快速度，就能獲得截然不同的結果。在這樣的過程中不但能有新發現，循環PDCA也會更加容易。

5　將自己思索出的方法傳達給別人、寫在部落格上

不斷將自己想出的新方法傳達給別人，能夠逐步加深自己的理解，也更容易萌生新的點子。那是因為「解釋」或者「寫」的過程，對整理思維有極大的幫助。在多數情況下，教人的一方可以學到的東西是更多的。

利用靈感筆記建立自信

我在《零秒思考力》一書中介紹過的「Ａ４筆記訓練法」，也可以升級成利用三張Ａ４紙製作的「靈感筆記」。這個方法可以有效改變意識與行動，而且只需不到二十分鐘的時間。讀者們可以找四名以上的同伴，朋友或熟人都可以，請務必嘗試看看。

寫靈感筆記時所採取的方法是：首先用三分鐘寫好第一頁（第一張），接著兩人一組，用兩分鐘時間互相說明所寫的筆記內容。

假設現在要探討的主題是「怎麼樣才能充滿自信地行動」，那麼首先就先在三張Ａ４紙上分別寫下：「以往有過無法充滿自信處理問題的經驗嗎？」「以往有過充滿自信處理問題並且成功的經驗嗎？」「今後如果想繼續充滿自信地處理問題該怎樣做？」接下來再針對上述三個大主題，四個人各自寫下自己所面臨的課題。

- 用三分鐘寫好第一頁，然後用兩分鐘與隔壁的人相互說明。
- 用三分鐘寫好第二頁，然後用兩分鐘與另一人相互說明。
- 用三分鐘寫好第三頁，然後用兩分鐘再與另一人相互說明。
- 隨後，再將自己說明與聆聽別人說明時所獲得的啟發為基礎，用兩分鐘修改自己的筆記。

雖然整個過程只需要短短的十七分鐘，但是只要按照這樣的方法施行下去，就能獲得非常多的刺激和發現。

在依序與另外三個人談話的過程中，我們能瞭解到別人有過怎樣的失敗體驗和畏懼的情緒，如此一來我們便能認知到並非只有自己有過失敗體驗和畏懼的情緒。此外，正因為這些事情發生在他人身上，我們才能客觀看清他人同樣會耿耿於懷，或是執著於很小的事情上。正因為不是發生在自己身上的事，我們才不會如此耿耿於懷。

● 製作「靈感筆記」需要準備三張 A4 紙，並將每張紙分成四個欄位。

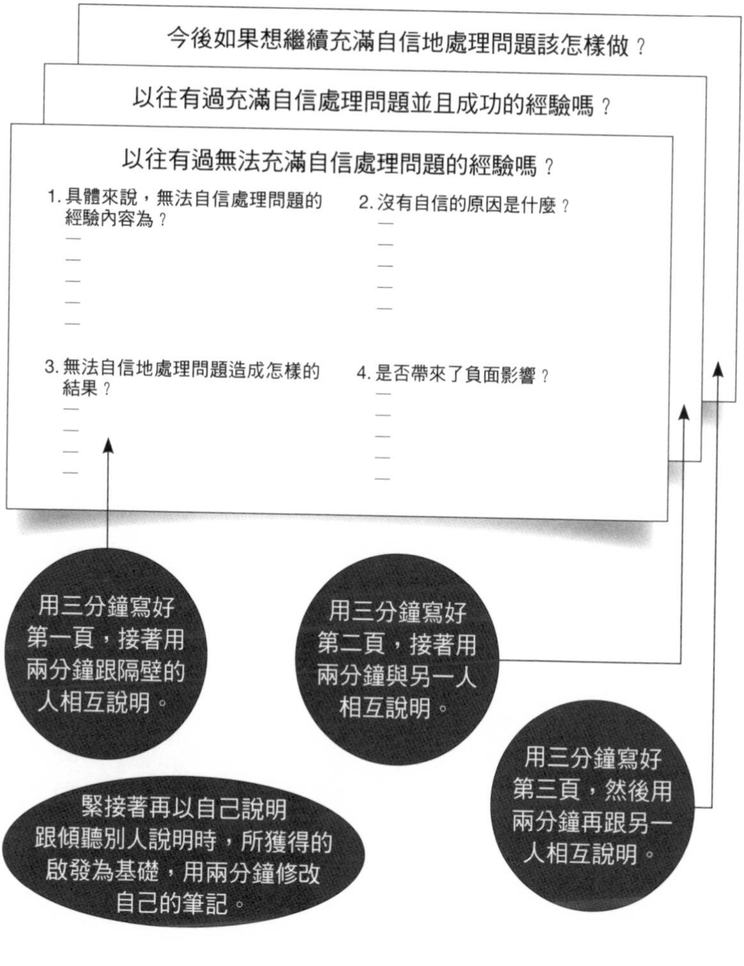
今後如果想繼續充滿自信地處理問題該怎樣做？
以往有過充滿自信處理問題並且成功的經驗嗎？
以往有過無法充滿自信處理問題的經驗嗎？
1. 具體來說，無法自信處理問題的經驗內容為？
2. 沒有自信的原因是什麼？
3. 無法自信地處理問題造成怎樣的結果？
4. 是否帶來了負面影響？
用三分鐘寫好第一頁，接著用兩分鐘跟隔壁的人相互說明。
用三分鐘寫好第二頁，接著用兩分鐘與另一人相互說明。
用三分鐘寫好第三頁，然後用兩分鐘再跟另一人相互說明。
緊接著再以自己說明跟傾聽別人說明時，所獲得的啟發為基礎，用兩分鐘修改自己的筆記。

另一方面，透過與他人交流，我們會產生「跟別人比起來自己好太多」或是「其實自己沒有那麼糟」這樣的想法，進而收穫到意外的自信。如此一來，就能萌生「自己也是大有可能」的想法。

由於這樣的過程還能幫助自己理解身旁三個人的相異之處和共通點，也因此透過這樣的活動，甚至可以非常客觀地看待一直以來獨自煩惱的問題，進而從全新的視角理解。

我在自己主辦的研討會以及在企業內部舉辦的工作坊中，曾針對「當機立斷，立即付諸行動」「創造良性循環」等主題屢次實施過靈感筆記，獲得很大的回響。

利用靈感筆記消除心理障礙

接下來，讓我們使用靈感筆記探討「消除沒有自信的心理障礙」的主題。請試著按照以下三個問題來實踐。

第一組：以往有過無法充滿自信處理問題的經驗嗎？
第二組：以往有過充滿自信處理問題並且成功的經驗嗎？
第三組：今後如果想繼續充滿自信地處理問題該怎樣做？

第一組的主題是「以往有過無法充滿自信處理問題的經驗嗎？」首先，請在括弧內寫下無法自信處理問題的具體事例。接下來，針對以下四個問題，分別寫出四到六行的回答。

● 靈感筆記的實踐（第一組）

以往有過無法充滿自信處理問題的經驗嗎？

1. 具體來說，無法自信處理問題的經驗內容為？
   —
   —
   —
   —
   —

2. 沒有自信的原因是什麼？
   —
   —
   —
   —
   —

3. 無法自信地處理問題造成怎樣的結果？
   —
   —
   —
   —

4. 是否帶來了負面的影響？
   —
   —
   —
   —
   —

若想在三分鐘內寫完——
首先要寫下所有馬上可以想到的答案，
然後補充沒能及時寫出來的部分，
最後，瀏覽整體內容，補足遺漏的部分。

1　具體來說，無法自信處理問題的經驗內容為？
2　沒有自信的原因是什麼？
3　無法自信地處理問題造成怎樣的結果？
4　是否帶來了負面的影響？

想要在三分鐘內寫完這些內容，就無法字斟句酌。將腦海中浮現的內容直接寫下來的過程，就和《零秒思考力》一書中介紹過的「Ａ４筆記訓練法」一樣。在這四個問題當中從哪一個開始回答都沒關係。

我推薦的方法是，先用一分鐘寫出馬上能夠想到的回答。接下來再用一分鐘補充沒能即時寫出來的部分。不過要記得在盡可能保證速度的前提下寫完。然後在最後一分鐘的時間內，瀏覽整體的內容，補足遺漏的部分。

在三分鐘內寫完後，接著用兩分鐘與隔壁的人相互說明。由於時間

● 靈感筆記的實踐（第二組、第三組）

以往有過充滿自信處理問題並且成功的經驗嗎？

1. 具體來說，充滿自信處理問題的經驗內容為？
—
—
—
—
—

2. 充滿自信的原因是什麼？
—
—
—
—
—

3. 充滿自信處理問題帶來了怎樣的結果？
—
—
—
—

4. 就整體來看是否帶來了良性循環？
—
—
—
—
—

今後如果想繼續充滿自信地處理問題該怎樣做？

1. 自己在什麼時候、怎樣的狀況下能夠才能充滿自信地處理問題？
—
—
—
—
—

2. 需要事先做好怎樣的準備，比較能充滿自信地處理問題？
—
—
—
—
—

3. 自己該怎樣做才能進一步增強自信？
—
—
—
—
—

4. 該怎麼做才能不斷創造出良性循環，繼續充滿自信地處理問題？
—
—
—
—
—

只有兩分鐘，因此可以簡潔地說明「發生過這種事」「考慮過這些問題」「自己寫得不好，其實想表達的是這個意思」。

第二組的主題是「以往有過充滿自信處理問題並且成功的經驗嗎？」同樣地，請先在括弧內寫下具體的事例。接下來的步驟跟回答第一組問題時相同。

第三組的主題是「今後如果想繼續充滿自信地處理問題該怎樣做？」依序回答這個主題中的四個問題。由於已經進行到第三組，腦海中所浮現的東西應該會多一些，寫的速度也會愈來愈快，所以盡可能試著多寫一些。

雖然最少只要有四個人就能實踐靈感筆記，但如果能找到幾十個想解決類似問題的人，那麼活動的氣氛會非常熱烈，並且營造出良好的現場氛圍，此時我們便會發現「原來大家都是一樣的」，進而自然而然地湧現自信。

靈感筆記的注意事項

靈感筆記相當有助於改變自己的意識和行動，但在施行時有幾點需要注意。以下我將針對注意事項逐一說明。

1　靈感筆記的規則是用三分鐘的時間寫完一張Ａ４紙的回答，然而有人能寫很多，有的人卻只能寫一半左右。此時應該不要去在意寫了多少，而是按照步驟繼續下去。雖然是否習慣這樣的回答方式會影響書寫的量，但大多數情況下腦海中一定會浮現出一些東西，因此不必太擔心。

用兩分鐘時間相互說明時，幾乎所有人都能明確地轉述自己所寫下的回答。而在說明的過程中腦海中會不斷湧出新的想法，有時對方的說明也會給自己帶來啟發，進而催生出新的靈感。

2 用三分鐘回答四個欄位的內容看上去不容易，但實際上由於時間緊迫，反倒更容易催生出想法。即便是第一次寫，也沒有必要將時間延長至四、五分鐘。可能會有一些人覺得難以接受，不過當在真正開始回答後，其實就會覺得「想不到隨便試一下也能寫出很多東西」。正如同我在前文中所提到的，即便無法寫很多也無妨，我們還能夠進行口頭補充。

3 在針對三組題目進行「用三分鐘書寫，再用兩分鐘相互說明」，以及最後用兩分鐘修改這一連串的步驟時必須要用計時器，按照既定的時間完成。在時間緊迫的氛圍下能讓參加者的注意力更加集中，進而發揮出原有實力，甚至是發揮出超越極限的實力。結果就是所有人都會變得更加投入，對於有自信和沒自信的看法會產生相當大的轉變。

請務必召集同伴一起嘗試一下靈感筆記，這樣的活動能讓自己的觀念產生很大的變化，而且還會有很多令人驚訝的新發現。透過這樣的活動可以找出沒有自信的原因，並制定應對之策。

「成長」這個議題也是一樣，只要先將下面列舉出的三組主題寫在三張Ａ４紙上，再藉由相互分享，我們就能獲得重大的發現，自己的行動也會隨之改變。

第一組：在怎樣的狀況下會感覺自己沒有成長？
第二組：在怎樣的狀況下會感覺自己有所成長？
第三組：今後想持續成長應該怎麼做？

由於靈感筆記的回答並非源自上司等人的指示，而是在三分鐘內絞盡腦汁書寫的過程中自己所發現的問題，因此不會讓當事人產生排斥的情緒。也因為只能用兩分鐘相互說明內容，此時還會有更多的發現。

假設在一般會議上有二十個人參加，那麼在其中一個人發言時，剩下十九個人只能默默聆聽。這樣的方式確實能在一定程度上增長知識，但說到底只是被動學習，幾乎沒有動腦。

但是在書寫靈感筆記的三分鐘內，所有人都必須努力思考下筆的內容。接下來的兩分鐘也是一樣，需要在一分鐘內說明自己寫下的回

（第二組）

在怎樣的狀況下會感覺自己有所成長？

1. 那是怎樣的成長？
—
—
—
—
—

2. 促進自己成長的背景、契機是什麼？
—
—
—
—
—

3. 朋友和前輩所給的建議有達到什麼效果？
—
—
—
—
—

4. 當時的成長帶來了怎樣的結果？
—
—
—
—
—

（第三組）

今後想持續成長應該怎麼做？

1. 想獲得持續性的成長，自己應該有意識地做些什麼、注意些什麼？
—
—
—
—
—

2. 如果想保持自己成長的動力該怎樣做？
—
—
—
—
—

3. 該如何活用前輩、朋友等身旁的資源？
—
—
—
—
—

4. 想創造良性循環，並實現持續性成長該怎麼做？
—
—
—
—
—

利用「靈感筆記」成長

第一組：在怎樣的狀況下會感覺自己沒有成長？
第二組：在怎樣的狀況下會感覺自己有所成長？
第三組：今後想持續成長應該怎麼做？

回答的內容並非來自上司等人的指示，
而是自己在三分鐘內絞盡腦汁書寫的過程中所發現的問題，
因此不會產生排斥情緒。
另外，這樣的過程也不是被動學習，藉由互相說明的過程，可以有更多的發現。

（第一組）

在怎樣的狀況下會感覺自己沒有成長？

1. 出於怎麼樣的契機自己開始感覺「無法成長」？
—
—
—
—
—

2. 回顧過去的經驗，曾遇過哪些阻礙以及不利的環境？
—
—
—
—
—

3. 朋友和前輩曾給過自己有用的建議嗎？
—
—
—
—
—

4. 當時沒能成長結果造成了怎樣的結果？
—
—
—
—
—

答，同時要讓對方完全理解自己所說的內容，必須全方位地讓思考能力動起來。

這樣的活動生產效能很高、也相當有效。截至目前為止，有許多人參加過我所舉辦的工作坊，從大企業的董事階級到一般零售業的老闆，從大學生到七十歲以上的老人，小至四個人的小組，大到三百五十個人的大團體都有。我在日本、印度、台灣都舉辦過這樣的工作坊，獲得相當大的回響。

此外，根據不同的課題製作三張全新A4筆記時還可以獲得嶄新的見解，光是思考在每一頁的各個欄目該放入怎麼樣的題目，就是一項很好的訓練。

行動 4

創造良性循環

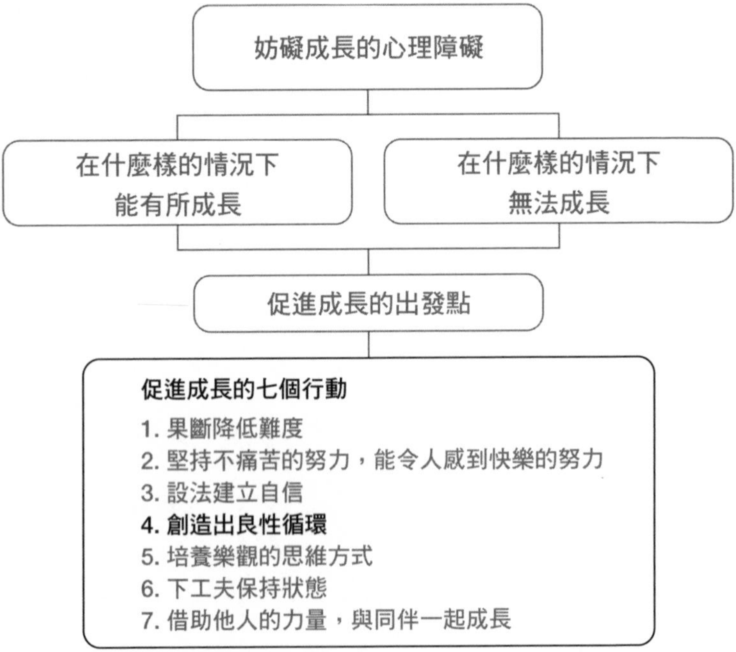
妨礙成長的心理障礙
在什麼樣的情況下
能有所成長
在什麼樣的情況下
無法成長
促進成長的出發點
促進成長的七個行動
1. 果斷降低難度
2. 堅持不痛苦的努力，能令人感到快樂的努力
3. 設法建立自信
4. 創造出良性循環
5. 培養樂觀的思維方式
6. 下工夫保持狀態
7. 借助他人的力量，與同伴一起成長

什麼是良性循環？

在我看來，「良性循環」是指一個具備眾多利於自身條件的環境，這樣的環境可以使自己做起事來更輕鬆且實在。而「創造良性循環」，指的則是仰賴事先打下的諸多基礎開啟良性循環、順勢而為，以實現目標。

創造良性循環並非只是創造出單純的因果關係，而是「提前打下諸多基礎」「取得先機」「有意識地創造有利條件」。我們必須事先思考「該如何根據現有的結果引發更好的結果」，然後以此為基礎，「將其轉化為良性循環」，如此一來便能順利推動事態的發展。

雖然不是什麼情況都可以套用上述方法，不過只要經常去思考，有時便能創造出良性循環。由於我自身在某些面向上偶然創造出了良性循環，也才會有這樣的發想。

成長也是一樣，只要加入「創造良性循環」這樣的發想，想必一定能夠獲得源源不絕的成長機會。這種像是在夢中才會發生的好事，其實就在我們觸手可及之處。

事先「播種」

想要創造良性循環，必須事先在各方面「播種」。只是播種的方式也要視成長的目的而定，讓我列舉以下幾個例子來說明。

1　想強化掌握問題與解決問題的能力

若想加強掌握並解決問題的能力，《零秒思考力》一書中介紹的A4筆記訓練法、本書中的靈感筆記，以及《零秒思考力【行動篇】》中提及的選項法及架構法等方法不可或缺。此外還必須反覆實踐，也因此每當遇到有人前來商量煩惱時，應該試著誠懇給予意見。

只不過，人的煩惱五花八門，立場不同的人煩惱也大相同。想立即給予有用的建議絕非易事，或許剛開始可能會覺得相當困難。但即便如此，只要誠懇面對對方，在經過多次商量之後，自己的能力便會顯著地提升。

許多人懷抱著各式各樣的煩惱，也因此逐漸就會開始有人慕名前來找你商量。即便對方覺得幫助不大，但只要誠懇以對，名聲便會逐漸傳開，這就是播種。

不管是學生、剛進入社會的新鮮人，或是一流企業的董事、部長甚或社長，人的煩惱其實沒有太大差別（所有人的煩惱的根源都來自於「人」，）也因此只要誠懇面對對方的問題，自身掌握且解決問題的能力便會不斷提升。

2　想要提升領導能力

想要提升領導力，最快的方法就是在公司或小組中主動擔任某個專案的負責人。在日本幾乎沒有人會想要主動扛責任，也因此只要勇於毛遂自薦，多數情況下都能如願。

雖然一開始不會很順利，但只要傾聽團隊成員的意見和煩惱，並展現出專案負責人所應展現的方向性和實踐目標的手段，之後一旦有新的專案，上司便會主動指派你負責了。

這個過程就是播種。從小的專案開始做起的話，不僅是絕佳的磨鍊機會，還能同時獲得播種和提升個人能力的機會。

身為負責人，描繪前景固然重要，不過更關鍵的是要仔細聽取團隊成員的意見。一般來說，一個專案的目標通常是事先決定好的，所以該做什麼事都是一清二楚的，然而能夠指揮得當的負責人實在少之又少，以至於在推動專案的過程中容易產生混亂。

這樣的混亂幾乎都源自心理隔閡，也因此傾聽每一個團隊成員的意見和不滿情緒就成為關鍵所在。

在這種情況下，單純的聆聽是不夠的，我推薦的方法是「積極聆聽（active listening）」。我之所以特意標註出英文，是因為「active listening」的意思是「保持關心、積極溝通，用心聽完對方說的話」，光是「詢問」「聽」或「傾聽」等詞彙都無法概括這個詞的意涵。

透過積極地聆聽，專案的進展會變得出乎意料地順利，此外「那個人很有領導能力、很值得信賴」的好評也會散播開來。

這麼一來，又能進一步撒下不少種子。

3　想提升收集資訊的能力

想要提升收集資訊的能力，必須先確定自己感興趣且願意深入研究的領域。那可以是自己工作的相關領域，也可以是跟自己工作的領域有些許不同，但在不久的將來想要涉足的領域。

首先要做的是先找到精通該領域的人，最方便詢問的應該是學生時期的同學和朋友。可以當面跟這些朋友聊，仔細向他們詢問自己想要瞭解的內容。此時，自己還必須同步在網路上搜索主要的關鍵字，閱讀約莫幾百篇網路的文章。

只要不停地讀下去，必定能找到契合需求的好文章。而能寫出這類文章的作者所撰寫的其他文章也一定相當出色，因此最好是也能把過去的舊文章也全部讀過一遍（具體方法已經在行動2的章節中有所提及）。

接下來最好是與先前自己請教過的人會面，向他們諮詢在搜索過程中出現的相關疑問。這個方法只要堅持兩週左右，就能充分掌握到該領域的基本資訊，知識量也會急速增長。此外對方只要理解到你在認真學習，今後也一定會繼續提供幫助。

這也是一種播種的方式。

4　想要提升表達能力

想要提升表達能力，就需要同時具備掌握與解決問題的能力，以及領導能力。這兩點在前文中已經介紹過，在以此為前提的情況下，表達方式可以是「寫部落格」「為雜誌刊物撰稿」「寫書」等文字手段，也可以是「演講」「工作坊」等途徑。

想要實現這些目標的播種方式在行動2的章節中也有所提及。作為提升表達能力的第一步，我們必須對於某個領域有一定程度的深刻見解。首先，在「Google快訊」中登錄三十到五十個自己有興趣的領域的關鍵字，每天閱讀所有收到的文章。

雖然不同的領域的狀況可能不一，但也可以在Google快訊中加入英語關鍵字，嘗試閱讀英語文章，這樣就能在短時間內累積可觀的知識量。

用Google所能搜尋到的日文文章看似很多，但其實很多都是重複的內容，再怎麼讀也無法加深知識。在為數可觀的英語文章和影片中，可能只有百分之五被翻譯成日文。而我們只需接觸其中的一部分，就足以在日本發表出相當有價值的言論。

接著一旦將這些內容寫在部落格上，播種的步調便會一口氣加速。以前我曾為一家新創企業客戶撰寫專門性高的網路文章，就在我寫了五篇左右的文章後，某家公司的社長在看到我的文章後與我聯繫，希望跟我見上一面。

如果有讀者想瞭解該怎樣透過收集資訊和寫部落格等方法提升表達能力，可以參考《Action Reading：每日只需三十分鐘的效率閱讀法》（暫譯，原書名：アクションリーディング1日30分でも自分を変える「行動読書」，SB Creative出版）一書。

帶動周圍的人

想創造出良性循環，需要克服的一個重要課題就是學習帶動周圍的人。畢竟一個人能夠獨立完成的事情有限，只要能掌握身邊有多少人和自己的目標一致，那麼機會便會增加。

通常散發出「為達成長而想創造良性循環」感覺的人，身邊會聚集大量的人，但關鍵在於該如何建構「雙贏的關係」，讓身邊的人也能進入好的循環。

願意以幫手身分與我們一起行動的人，會在我們做所有事時提供事務方面的支援，也因此能讓我們更輕易創造出良性循環。此外，在進入良性循環後，他們還能為我們加速並擴大良性循環。

這些外部資源之所以願意提供協助，是因為我們與他們身處的組織之間的利害關係一致，只要運用得當，就能不斷地播下種子。這些外部資源會向我們提出各種建議，雖然其中可能也會有一些是派不上用場的建議，但如果不要那麼放在心上，機會就能不斷向外延伸。

大眾傳播業界的人多半表達能力很好，只要不牽扯到廣告，他們多半很樂意廣結善緣，因為他們總是在尋找新的話題，也因此跟像我一樣立場的人通常是一拍即合。

創造順風

創造良性循環時，最重要的就是要「創造順風」。所謂順風，指的是開啟良性循環的推動力。順風有非常多的形式，例如在推動新專案時剛好有人出租辦公室給我們、介紹專案的大篇幅報導、為我們與關鍵人物居中牽線的人物或是增強輿論的支持力量等。

然而，此時絕不能抱有「現在幸運女神站在我這邊，真是走運，那就乘勝追擊吧！」這樣的想法。反而應該小心翼翼地在火種上添加柴火，在火勢稍有起色之後，再加入較大塊的柴火，應該採取的是像這樣謹慎且主動的行動方式。

這樣的行事方法才不會造就出「因為形勢有利才有所進展」的處境，而是因為自己緩步前進，主動創造良性循環，新的機遇從中萌生，自己再設法創造有利的局面，進而獲得成果。

舉辦大量演講、撰寫網路文章、出書、以顧問身分為大企業提供建議協助經營改革、與眾多新創企業共同創業並為他們提供經營上的建議，我就是這樣不斷擴大良性循環的。

行動 *5*

培養樂觀的思維方式

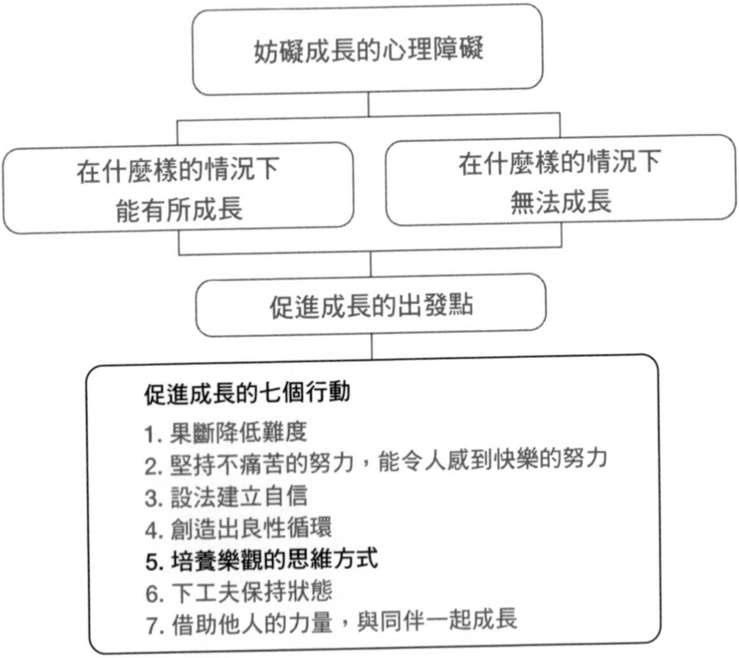
妨礙成長的心理障礙
在什麼樣的情況下
能有所成長
在什麼樣的情況下
無法成長
促進成長的出發點
促進成長的七個行動
1. 果斷降低難度
2. 堅持不痛苦的努力，能令人感到快樂的努力
3. 設法建立自信
4. 創造出良性循環
5. 培養樂觀的思維方式
6. 下工夫保持狀態
7. 借助他人的力量，與同伴一起成長

愈是樂觀的人愈容易有所成長

愈是樂觀的人愈容易成長。只嘗試一次就成功的情況十分少見，但是樂觀的人會去思索新的方法，不斷嘗試直到成功為止。樂觀的人不會失去動力，也不會衝動行事，並且做事能堅持到底。他們在失敗時不會怪罪別人，會主動承擔責任，也因此他們具備足夠的覺悟，也更容易成長。

另一方面，悲觀的人在遭遇失敗時，會不停地找各種藉口，卻鮮少去思考「問題的癥結點」或「今後該怎麼辦」。悲觀的人不僅會從否定的角度看待事物，也會用懷疑的眼光看待事物，甚至經常將失敗的責任歸咎他人。這就意味著他們並沒有在反省，因此也很難成長。

無論是在職場或是體壇，優秀的人通常都會保持積極樂觀的態度，只要閱讀相關的採訪和報導就能理解。本來就樂觀的人在成長到一定的程度後會開始產生自信，然後又變得更加積極樂觀。

可能有人會說：「這些道理我都明白，但最讓人煩惱的就是自己樂觀不起來」，但事實真是如此嗎？

人既可以選擇樂觀的態度也可以選擇悲觀的態度，而之所以會選擇悲觀，難道不是因為**「用悲觀的角度看待事物比較輕鬆，所以才慢慢形成悲觀的思維」**嗎？

一切不過都是思維的問題，究竟是要選擇樂觀或是悲觀看待事物，是可以由自己掌控的。

有些人會堅稱「自己天性悲觀」，但仔細想想，其實那有可能是因為自己覺得「這樣顯得比較帥」「這樣看起來比較有深度」或是「只要這樣想，再怎麼樣情況也不會比現在差」。

這世上確實也存在不少成長於不健全家庭的「成年小孩（Adult Children）」，也存在因為依附障礙、職權騷擾等問題而飽受折磨的人。但如果考慮到自身的成長，最好多去思考一些方法，盡可能用樂觀的心態看待事物。

畢竟保持樂觀的心態不僅能加速成長，心情也會變得更加愉快，進而讓心態變得更加樂觀。這麼一來，就算不強迫自己，也能逐漸掌握樂觀的心態，同時也會逐漸進入良性循環。

設法變得樂觀

那麼，該怎麼做才能讓想法變得積極樂觀呢？我認為人其實最初都是保有樂觀心態的，只是因為遭遇了讓人極度不開心的事，才會導致心態變得消極。

讓人極度不開心的事多半是與「人」有關的。

一個人如果無法與他人愉快相處的話，心情會變得低落，而一旦心情陷於過度低落，就容易變得悲觀。遭人惡意對待、背叛、嘲笑也同樣會讓人情緒低落，若是時常受到這些問題困擾的話，人自然而然會變得悲觀。

針對這些問題，我一直採取以下所提到的方法。或許我自己天生的性格也有優勢，但我始終下意識地保持樂觀的心態，也為此付出很多努力。

- 告訴自己行為舉止過分的人，其實有巨大的心理創傷
- 觀察對自己不友善的人，分析對方為何會有這樣的表現
- 遇到不開心的事不要急著下結論
- 遇到不開心的事，就試著把它當做磨鍊的機會
- 告訴自己樂觀的心態和悲觀的心態其實只有毫釐之差

- 嘗試從不同的角度解釋
- 心想「隨它去」，先睡一覺再說

接下來，讓我針對上述幾點逐一說明。

告訴自己對方其實有「巨大的心理創傷」

我經常會做的一件事就是：「告訴自己行為舉止過分的人，其實有很大的心理創傷」。這是我最常使用的應對之道，而這個方法也確實能讓我比較樂觀看待事物。

自己明明沒有任何過錯，但對方卻做出過分的舉動，這樣的人或許個性易怒、衝動，也有可能是陰險、喜歡指責別人的人。

也因為那樣過分的舉動不會在常人身上看到，所以我會在心中這麼告訴自己：「這個人以前或許有過很悲慘的經驗」。

如此一來，對方憤怒的表情看起來就會像是「充滿痛苦的表情」「痛苦掙扎的表情」「自我厭惡的表情」，然後就能想像「這人過去有著悲慘的經歷」，也因此能減緩自己不愉快的心情。

分析對方為何會有這樣的表現

另一個我也經常使用的方法就是「觀察對自己不友善的人，分析對方為何會有這樣的表現」。說實話，我完全無法理解不懷善意的人為何能產生極其惡劣的想法，也因此我會像觀察稀有動物一般觀察對方。

當然也會有人認為，都被對方大聲痛罵了，怎麼可能冷靜觀察？但我建議還是試著努力去觀察對方的異常行為。

只要能做到這一點，就會發現其實眼前的人「很幼稚」，或是「其實是因為缺乏自信才會這樣虛張聲勢」。

不要急著下結論

「就算遇到不開心的事，也不要急著下結論」，這一點也很重要。畢竟對方有可能是誤解，事後再道歉也是有可能的。

但假設如果當下相互攻擊、吵得不可開交，那麼想必對方也不會低頭的。

把不開心的事當成「磨鍊的機會」

另外，還有一個方法就是「若是碰到不開心的事，就試著把它當成磨鍊的機會」。這個方法只適用於心態足夠豁達的人，實踐起來難度比較高，不過也是一種修行，我們能從中學到不少東西。

樂觀的心態和悲觀的心態只有毫釐之差

再稍微拓展一下思考方式的話，還有一個終極的手段，那就是「告訴自己樂觀的心態和悲觀的心態之間只有毫釐之差」。

即便發生許多棘手的事情，也要說服自己「凡事既有好的一面也有壞的一面，怎麼想完全取決於個人的一念之間」。

要這麼想不容易，但效果卻非常好。凡事都是一體兩面，即便是怎麼看都只有壞處的事，如果能換個角度，就會發現其實也並非完全沒有好的一面。

嘗試從完全不同的角度解釋

一個難度更高的方法是，「嘗試從完全不同的角度解釋」。這個方法就是在事情進展不順利時，不要去想「有人在動手腳」「有人在扯我後腿」或是「有人在偷懶」，而是應該嘗試從最為根本之處去思考進展不順利的理由。

沒有這種習慣的人或是易怒的人，在遇到困難時容易做出膚淺且輕率的解釋，甚至會情緒化地大聲說話，或是陷入極度消沉，又或者是突然發飆。而他們的理解絕對算不上是正確的。多數情況下，這些人的判斷跟理解都操之過急、流於表面，同時也是不正確的。

心想「隨它去」，先睡一覺再說

最後還有一個方法就是，心想「隨它去，先睡一覺再說」。我非常推薦大家使用這個方法。當不開心或是莫名其妙的事接二連三發生時，我會陷入情緒低落，也會不開心。但此時我會告訴自己「既然事情都已經發生了，現在做什麼都於事無補，那乾脆暫時不要去想」，然後選擇早點上床睡覺。

我只要睡上一晚，不愉快的情緒能減少到只剩百分之二十。當然每個人的狀況不一，並非每個人的個性都那麼容易看得開，不過這個方法確實很有效，建議各位讀者務必嘗試看看。

另一方面，比如像是考試落榜或是發生車禍等狀況固然痛苦，但只要不是有人居中對自己使壞的話，隨著時間過去一切都會慢慢好轉，所以也毋需因此過度沮喪。

想法決定一切——靈感筆記的實踐

說到底，心態究竟是樂觀還是悲觀，完全取決於「個人的看法」。因此，我們應該盡量避免一直強調：「目前的狀況、處境跟待遇讓人難以忍受」。而是要盡可能保持積極樂觀的情緒，將注意力轉移到其他事情上，這樣才是有建設性的做法。

只要稍微樂觀一點，內心就會變得從容起來。一旦內心變得從容，人際關係也會隨之改善，良性循環也會隨之開啟，然後自己就有可能在意想不到之處，邁入一個嶄新的階段。

或許有些人會覺得「說起來很輕鬆，但實踐起來是另一回事」，但我希望讀者們能理解：**「樂觀和悲觀其實只取決於立場上的微小差異」**。

一直以來總是抱持悲觀看法的人，為什麼會如此悲觀？其實只是單純的習慣使然而已。那始終能夠保持樂觀心態的人是如何建立這樣的習慣呢？有可能是因為自身的性格使然，也有可能是因為父母、老師或是上司的教導。

不管是悲觀地看待周遭環境並持續抱怨，或是保持樂觀心態開朗地生活，環境都不會發生改變。一切都只取決於自己怎樣思考、用怎麼樣的觀點看待事物。既然如此，就當是被騙也好，何不試著用樂觀的心態去看待事物？

這種時候，我在行動3中所介紹到的「靈感筆記」就能派上用場。

（第二組）

以往有過樂觀看待事物的經歷嗎？

1. 有過哪些樂觀看待事物的經歷？
—
—
—
—
—

2. 為何能樂觀看待事物？
—
—
—
—
—

3. 用樂觀的態度看待事物為自己的行動帶來怎樣的變化？
—
—
—
—
—

4. 用樂觀的態度看待事物時，周圍的人的反應是？
—
—
—
—
—

（第三組）

若想保持積極樂觀的心態應該怎樣做？

1. 自己在什麼時候、什麼狀況下比較能樂觀地看待事物？
—
—
—
—
—

2. 想保持樂觀的心態應該怎樣做？
—
—
—
—
—

3. 持續保持樂觀的心態會為自己的行為帶來怎樣的變化？
—
—
—
—
—

4. 如果持續保持樂觀的心態，周圍人會有怎麼樣的反應？
—
—
—
—
—

用「靈感筆記」建立樂觀心態

第一組：以往有過悲觀看待事物的經歷嗎？
第二組：以往有過樂觀看待事物的經歷嗎？
第三組：若想保持積極樂觀的心態應該怎樣做？

分別用三分鐘的時間寫下每一組的回答，
再用兩分鐘時間相互說明（總計15分鐘＝5分鐘X3組）。
最後，再以自己說明跟傾聽別人說明時，所獲得的啟發為基礎，花兩分鐘修改自己的筆記。

（第一組）

以往有過悲觀看待事物的經歷嗎？

1. 有過哪些悲觀看待事物的經歷？
—
—
—
—
—

2. 為何會悲觀看待事物？
—
—
—
—
—

3. 用悲觀的態度看待事物為自己的行動帶來怎樣的變化？
—
—
—
—
—

4. 用悲觀的態度看待事物時，周圍的人的反應是？
—
—
—
—
—

具體方法如同我在前文中所介紹的，先用三分鐘寫好第一頁，接著用兩分鐘跟隔壁的人相互說明，然後再花三分鐘寫好第二頁，再用兩分鐘和另一人相互說明。最後花三分鐘寫好第三頁，再與另一人相互說明。

第一組：以往有過悲觀看待事物的經歷嗎？
第二組：以往有過樂觀看待事物的經歷嗎？
第三組：若想保持積極樂觀的心態應該怎樣做？

只要找到四個朋友或熟人，一同實踐靈感筆記，那麼在短短的十七分鐘後，自己看待世界的眼光就會產生極大的變化。然後你會發現「自己的悲觀態度毫無根據」「採取樂觀的態度也不會帶來任何損失」「原來過去自己只是在鑽牛角尖而已」。

請務必嘗試看看，只需要短短的時間，就能為自己帶來很大的啟發。

樂觀會傳染

想要變得樂觀，最有效的辦法就是，感受樂觀的人所帶來的刺激。在樂觀的人眼中，不管什麼都是正向的。

比方說在工作上要擬定某項新企畫時，一般人可能會有「自己辦得到嗎？」「雖說自己有能力辦到，但卻不曉得該如何著手……」「公司和上司會給予我支援嗎？」這樣的焦慮，過度擔心所有事情。

但是樂觀的人則會想「雖然是第一次經手這樣的案件，但船到橋頭自然直」「雖然不曉得該如何著手才好，但反正只要開始了肯定會有些眉目」「公司和上司都很看好我。雖然我在這方面完全沒經驗，但他們卻肯如此相信我，我應該努力表現，自己真是進到了一間好公司」。

可能會有人覺得「自己無法用這樣的心態思考」，或者是「自己跟樂觀的人打從骨子裡就是不一樣的人」「樂觀的人未免也太無憂無慮」。

但事實並非如此。樂觀的人不會刻意去背負龐大的風險，他們只是認為，既然是無論如何都得完成的工作，那就應該用積極向上的心態去面對。

而且拿出積極向上的心態面對工作，反而能夠降低工作的風險。如果上司是樂觀的人，那麼下屬也能夠拿出幹勁，雙方的溝通也會較為順暢，收集相關資訊時也能更加無微不至，就結果而言提升整體工作效率，進而使企畫成功的機率大為提升。

不過最大的問題就在於有些人即便明白用樂觀的心態去看待問題比較好，但就是無法「轉換為樂觀的心態」。這有可能是因為過去曾經接二連三遭逢失敗、在工作上始終無法有所表現，或是經常被上司責罵、被同事或後輩輕視，因而無法保持樂觀的心態，這些都是相當稀鬆平常的事。

但若要用一句話來概括，那就是「要保持怎麼樣的心態完全取決個人的想法跟情緒」。在我看來，無法保持樂觀的心態，無非就只是一種「壞習慣」和「毫無建設性的煩惱」而已。無法保持樂觀心態，不過就只是一直無法從過去的陰影中走出來而已。

那麼，究竟應該怎樣做才能改變呢？

對於始終無法控制自己心態的人，我推薦的方法是去和樂觀的人說話，感受一下他們的思考方式，從他們身上獲得啟發。

事實上，單單只是跟樂觀的人見面聊天，就能讓心情產生變化。畢竟「百聞不如一見」，請務必嘗試看看。跟樂觀的人說完話後，有時甚至會覺得情緒獲得提升。即使是自認為「自己的心態樂觀不起來」，但只要實際和樂觀的人接觸，絕對會有所變化。

我本身是個樂觀的人，但有時在狀況不好或睡眠不足時，心態多少也會變得有些悲觀。此時，我會盡可能積極地與樂觀的人見面。

我非常肯定的一點是**「樂觀是會傳染的」**。反過來說，有些人雖然嘴上老說自己樂觀不起來，但其實人要變得樂觀是不需要任何憑藉的。只要有心，心態肯定會有所變化。

行動 *6*

下工夫保持狀態

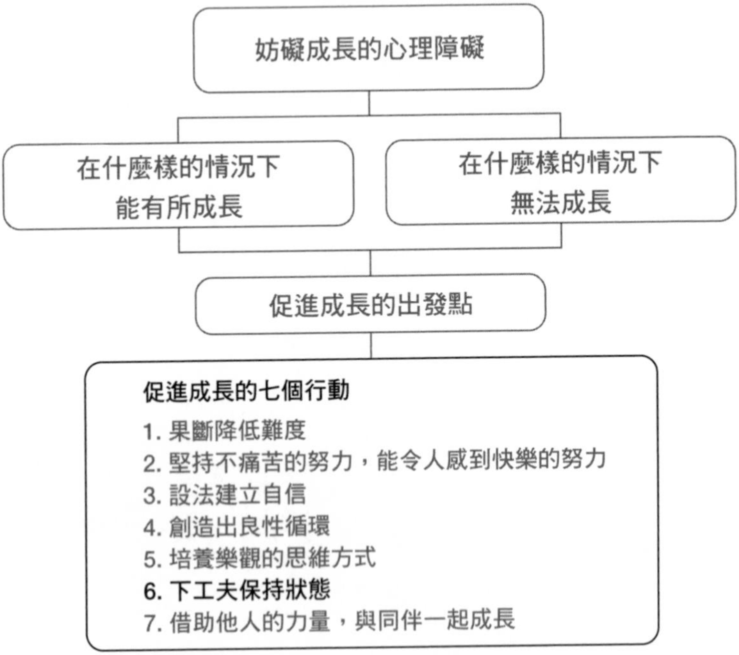
妨礙成長的心理障礙
在什麼樣的情況下
能有所成長
在什麼樣的情況下
無法成長
促進成長的出發點
促進成長的七個行動
1. 果斷降低難度
2. 堅持不痛苦的努力，能令人感到快樂的努力
3. 設法建立自信
4. 創造出良性循環
5. 培養樂觀的思維方式
6. 下工夫保持狀態
7. 借助他人的力量，與同伴一起成長

想要持續成長，保持穩定的狀態非常重要。這裡提到的狀態不單是指身體狀態，還包括精神狀態，我將其統稱為「狀態」。

瞭解自己的最佳狀態

首先，最重要的是必須瞭解自己的最佳狀態。由於每個人的最佳狀態不一，所以我以自身的情況為例來向各位說明。以下我將列舉一些普遍的事例，以方便更多的讀者仿效跟嘗試。

1　必須確保最低限度的睡眠時間
2　每天在固定的時間起床
3　每天定時攝取三餐

4　不要吃太飽
5　養成定期運動習慣
6　決定當天完成的事要盡可能做到

接下來讓我針對各項目逐一說明。

1　必須確保最低限度的睡眠時間

我的睡眠時間一般為五個半小時。其實我是想再多睡一些的，但我最多也只能睡到六個半小時。但反過來，要是睡不到五個半小時，我早上醒來就會感覺昏昏沉沉，一整天都很睏。我以半小時為單位嘗試過各種時間長短不一的睡眠時間，就目前來說，五個半小時是讓我能維持頭腦清晰的最少睡眠時間。

2　每天在固定的時間起床

對我來說，每天在固定的時間起床非常重要。原本我每到週五晚上就會想「接下來有兩天假日」，仗著有時間就通宵看書，或是不停地在網路上瀏覽感興趣的文章。

但這樣到了週末早上，我自然無法在平時的時間起床。強迫自己起床的話就會導致睡眠不足，也因為是週末，所以不小心就會午睡。一旦進入這樣的循環就沒救了，因為這樣一來到了週六深夜我精神依舊很好，就這樣東摸西摸到清晨，結果週日也會因此而睡到很晚。

我並不喜歡這樣的生活狀態，也一直把它當作一個嚴重的問題看待。但是雖然我很看重這個問題，卻不曉得該如何解決，結果只能置之不理。

促使我改變的契機已經記不清楚了，從某一天開始，我突然開始試著在週末也保持和平時一樣的起床時間。結果我的精神狀態好很多，也發現自己徹底告別了懶散的生活方式。

打從那時開始，我就養成早上八點起床的習慣。一直到現在，八點始終是讓我維持最佳身體狀態的起床時間。但由於大多數會議都是早上八點到九點之間開始，因此我必須在參加會議前回覆郵件或是查看Google快訊，因此在最近幾年，我開始將鬧鐘設定為早上七點。

養成早上七點必定起床的習慣後，我每天至少有半小時到一個半小時左右充沛的時間回覆郵件、瀏覽最新資訊、準備資料等，也因此每天都能神清氣爽地出門。

如果經常處於掛心尚未完成的工作的狀態，或是不得不在兩個會議間的空檔完成工作或回覆郵件，肯定會感到十分疲憊，如此一來也無暇顧及自己是否有所成長了。

3　每天定時攝取三餐

吃飯的重要性就無須贅述了，但是我會特別在意吃飯的時間。我每天早上七點起床，起床後會先喝杯咖啡，有時會配上一塊蘋果。然後沒有突發狀況的話，我通常會在十一點半左右吃簡單的午餐。

麥肯錫的大前研一先生曾經說過「我一天三餐幾乎都是應酬」。但我不像他那麼投入，會盡量避免在午餐時跟人應酬吃飯。

一是因為每天的步調都很緊湊，沒有跟人悠閒應酬吃飯的時間，再一個是午餐跟人應酬吃飯一不小心就很容易吃太久。

另一方面，平日晚上我每週基本上會有一到兩次的演講或工作坊，因此每週會有兩次左右的應酬吃飯。這些應酬多半是晚上七點半左右開始。

我非常重視晚上的應酬，但從不一起去吃第二攤，我會在晚上十點左右回家，最晚也不會超過十一點，這樣才能確保回家後還有兩到三個小時可以用來工作。

4　不要吃太飽

對我而言，不要吃太飽既是永恆的課題，也是我在保持自身狀態層面上最為關注的項目。我嘗試過很多方法，例如吃飯時先從大量的蔬菜開始吃，或者只喝湯、吃蘋果，或是嘗試低碳水化合物的減肥法。但是只依靠這些方法很難有明顯的效果，多半只是一連串痛苦和後悔的過程，我也會時常怨嘆自己的性格要是能對立定的目標再多付出一些努力就好了。

自己的體重比目標體重多出十公斤這項事實，轉眼間已經有十多年了。好不容易體重終於下降一點，結果又會在到國外出差的飛機上或是轉機時不小心吃太多。我的減肥路上總是不斷反覆這樣的過程。

5 養成定期運動習慣

只要身而為人，就必須要保持定期運動的習慣，而我長年以來堅持在週六上午打網球。不過在最近十年，週日的夜間網球也成為了我週末的一項重要活動。哪怕週一演講用的資料還沒準備完，哪怕我覺得有點累，我也一定會去打網球。

雖然我是不太會感受到壓力的性格，但像我這樣的工作性質，累積壓力也是稀鬆平常的事。打上一個半到兩個小時的網球，可以讓我能夠從壓力中獲得釋放。

打完網球後我的心情會變得十分舒暢，同時打網球對健康也相當有益，運動過後也能確實感覺心態變得比較積極向上。因為下雨或是其他外務導致我無法在週日晚上打網球的話，從隔天到週三左右的這段期間，我會覺得身體中有股揮之不去的疲勞感，我想有可能是因為我沒能在週日晚上徹底釋放壓力的關係。

當然選擇怎麼樣的運動也因人而異，像是瑜伽、慢跑、游泳、高爾夫球、足球、排球等都可以。真正重要的有兩點，那就是「定期運動並且要出汗」以及「運動時忘記所有煩心事，全心投入運動」。

6　決定當天完成的事要盡可能做到

光憑藉保持身體狀態還不足以將自身調整到最佳狀態。努力將決定在當天完成的事達成後，可以鬆一口氣，用「總算可以休息」的心態入眠，這和腦海中掛記著「唉，怎麼辦啊，做得完嗎」的心態上床睡覺是天差地別的。

如果是後者的話，我會掛記到睡不著，然後再從床上爬起來坐到電腦前面工作。

所以我通常會將工作進行到一定程度再去休息，我建議讀者們也該這樣做。當然，這樣的話睡眠時間可能會減少二十到三十分鐘，但我更重視的是自己的心情。

下意識地保持在最佳狀態

大致瞭解自己的最佳狀態後，重要的就是下意識地保持這種狀態。如果有人問應該投入多少精力，我的回答是全力以赴。因為若不能堅決貫徹自己的決定，不用多久就會前功盡棄。

只有將狀態調整到最佳，才能順利地開展工作，創造良性循環。這樣一來，心態也會變得更加積極，而這一點會直接關係到成長。假如無法保持在最佳狀態，會導致積極性降低，心情也會陷入低落。當然，工作效率也必定會隨之下降。

應該將保持最佳狀態這樣的行為看作是「能讓自己賺到的事」，而不只是「有做到就好」。讓自己保持在最佳狀態是「出發點」，希望大家能夠將這一點看作是**「能將努力的收效放到最大的基礎」**並付諸行動。

光是保持最佳狀態就足以讓人獲得自信。甚至可以說，保持最佳狀態能為我們斷絕退路。

因為在這樣的狀態下，心中會自然產生「自己處於最佳狀態，肯定能有所表現」的想法，想要懈怠的心情也會顯著減少。

一定要轉換心情、活動身體

在保持最佳狀態的基礎上，注意時常轉換心情也十分重要。每個人轉換心情的方式大不相同，但假設無法轉換心情，那麼情緒只會持續陷入低潮狀態。

比方說，我在前文中提到的週日的夜間網球已經成為一項讓我轉換心情最重要的方法。這項活動不僅有益健康，還能讓我心情暢快。即便碰到不開心的事，只要集中精神打一下球，我在運動的過程中就能忘卻煩惱。而且在活動身體一個半到兩小時後，我也會感到壓力大幅減輕。

我也很慶幸自己擁有這樣的性格，不過不管是誰，只要活動身體，或多或少都有類似的效果。

不打網球也可以，可以選擇做瑜伽、游泳、慢跑、散步、打高爾夫球、踢室內足球、打棒球等，任何運動都能帶來相同效果。藉由運動可以大量出汗，不僅對健康有好處，對精神層面也有很大的助益。

或許有些人會想「自己曉得這一點，但就是做不到」，我建議讀者們可以試著「找到同伴一起努力」。只要有同伴在身邊，肯定不會同時遇到所有人都處於低潮的狀況。同伴中肯定有既有精神又積極的人，這樣就能帶動全體的積極性了。

就這一點來說，網球就正好具有「只要加入社團，就肯定能結識同伴」的特性，而且組成團隊也能使運動習慣更容易持續下去。

建議讀者們最好找到自己能持之以恆的運動，以便能隨時隨地轉換心情。

適度的偷懶很重要

在工作上我們必須時刻追求高品質，但是過度追求完美的話，身體和精神都會難以負荷。我認為最難的就是掌握恰到好處的分寸。

當然在工作上肯定要追求高品質，「無止境地追求高品質」肯定是最理想的。無論是製造業、服務業或任何其他行業，從事一份工作只要獲取了恰如其分的報酬，那相對地就必須提供品質。也因此我們才會有所成長，所接觸的工作範圍也會不斷擴大。

這樣的認知基本上是沒有問題的，但是一旦上司或身旁的人的要求過高，超出了當事人的精神和體力能夠承受的極限，不出幾個月，承受壓力的當事人就會開始出現狀況。

而絕大部分的上司會因為有其他抗壓力強、不會因此出現狀況的下屬存在，就認定「目前的做法沒問題」或「自己的教育方式正確」。

但一旦因為壓力過大而導致憂鬱症的話，對當事人所造成的傷害也是終生的，因為這樣一來當事人將會陷入無法努力的狀態。我曾聽過有人說「憂鬱症就跟感冒差不多」，但事情並非如此簡單。如果無法捍衛保護自己，可能會導致不堪設想的後果。

如果是任職於大企業的話，即便是想提出轉調部門的申請，也有諸多現實的考量，第一道難關就是必須鼓起勇氣跟人資交涉。相對來說，更為困難的是組織規模較小的中小企業。假如遇到了嚴重職權騷擾的上司，我認為除了換工作別無選擇。

但是，換工作也伴隨著相當的風險。收入有可能會下降，也可能在新的職場與上司、同事或下屬產生預期外的摩擦。

是否超出自身能力範圍

問題的癥結在於「是否超出自身能力範圍」。為了追求更高的目標而以積極的心態充滿幹勁地向前邁進，這樣的心態本身並沒有問題。

然而，若在上司或父母的要求下，以身心俱疲的狀態去追求更高的目標的話，很容易超出自身所能承受的限度，因為那終究不是出於自願。

要衡量是否超出能力範圍的標準有二：「是否能抱持積極的心態」以及「是否充滿幹勁」。如果可以很自然而然地感受到這樣的情緒那就沒有問題。而如果能抱持這樣的心態，只要持續做下去就沒有問題，而且在努力的過程中，自己也會感到相當開心。

但假設並非如此，自己只覺得追求更高的目標很痛苦，而且經常會在不經意間嘆氣想道「真希望今天趕快過去」，這就是危險的訊號。性格認真的人特別容易陷入這種狀況，因此就像我在前文中所提到的，適度的偷懶十分重要。

當然，我指的並不是「打從一開始就偷懶」和「敷衍」。我的意思是，在理解到「已經努力過、沒辦法再做到更好」時，要懂得適時放棄。在多數情況下，過於認真的人會拚全力完成別人交付給自己的任務，久而久之就會出現問題。

當然，沒怎麼努力就認為自己已經「到達極限」並且輕言放棄是絕對不可取的做法。想必讀者們也十分清楚這一點。

結識能夠開誠布公商量所有事的人

我還推薦讀者們結識能夠商量所有事的人，具體來說，最好是各結識兩位跟自己同齡的人、年長五歲的人、年長十歲的人、年輕五歲的人跟年輕十歲的人。

值得信賴的人、擁有值得自己尊敬的價值觀及判斷能力的人，會是相當好的顧問兼心靈導師。如果我們能結識這樣的人，那麼當我們在感到迷惘、煩惱，或是無法做出判斷時便可以立即找他們商量，也能使心情變得較為輕鬆。

在尋找顧問或心靈導師時，可以遵循以下步驟。

1　首先，從「同齡的人」「年長五歲」「年長十歲」「年輕五歲」「年輕十歲」這五個年齡層的人當中，各挑選五位自己感覺合適的人。不過在這個階段，暫時還不需要對自己所挑選的人傳達想法。

2　接下來，從這五個年齡層的理想人選中，分別挑選出更為理想的兩三人，然後按照順位邀請他們共進晚餐。有些人在收到邀請後可能要等到一至兩個月後才能順利見上面，不過一般來說，只要有心多半會成功。

3　在吃飯的過程中跟對方進行兩個小時左右的交流，如此一來便能判斷出讓自己感覺優秀或是還想更進一步商量各種話題的人了。原本我們邀請的人已經經過精挑細選，因此應該不會有太大的落差。如果在這個階段感覺人選不夠理想，還可以繼續邀請第三、第四、第五順位的人。按照這個方法最後肯定能夠找到合適的人選。

4

接下來就可以在自己感到迷惘或困惑時，禮貌地發郵件找對方商量。不過即便對方是值得信賴的人，但假如他是個回覆郵件很慢或是做事不修邊幅的人，那也不太適合作為商量的對象。就我的經驗來說，自己找人商量的頻率大概一年幾次而已，因此應該不至於造成對方的困擾。只要去想「我只是偶爾打擾一下，沒有人會因此把自己的真心求助看作是困擾」就沒問題了。

5 向第一個人發送郵件後，向其他所有人發送一封內容差不多的郵件。當然切記要更改收件人姓名，並在郵件的開頭附上合適的問候語，即便算入這些修改時間，應該也能在極短的時間內將郵件都發送出去。

6 就我的經驗來說，通常幾個小時以內就會收到約莫半數的回覆，自己下一步該怎麼做也會比較有眉目。從對方的回覆中我通常能獲得不少解決煩惱的啟發，像是「其實也沒必要那麼煩惱」或是「原來也有這種跟自己的發想截然不同的觀點」等。

或許也有人會說「在這五個年齡層中，每個年齡層的合適人選不到五個」。我建議這樣的人平時可以多參加研討會，或是運動、電影、讀書等同好會，多與人接觸。重點是對方的價值觀和判斷能力，只要累積起人脈，就能找到適合的 人選。

若想獲得成長，這樣的行動是不可或缺的。

行動 7

借助他人的力量，
與同伴一起成長

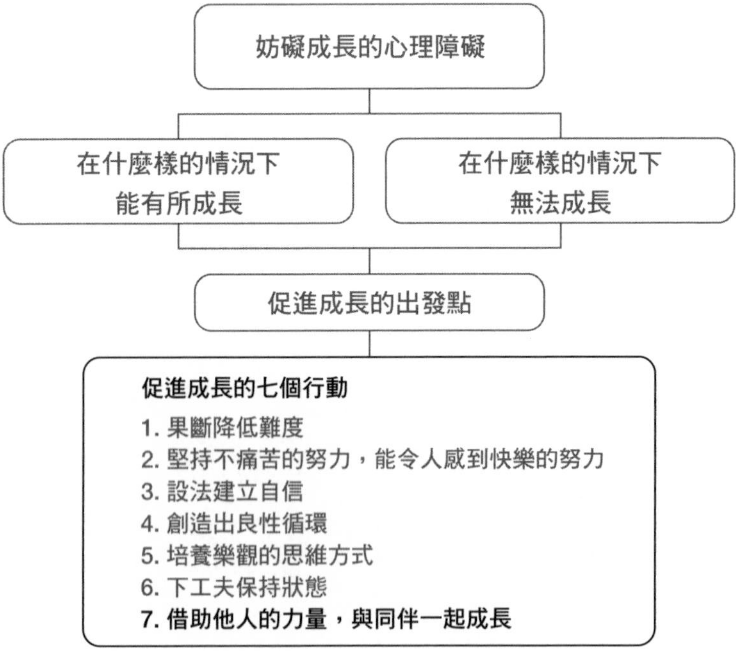
妨礙成長的心理障礙
在什麼樣的情況下
能有所成長
在什麼樣的情況下
無法成長
促進成長的出發點
促進成長的七個行動
1. 果斷降低難度
2. 堅持不痛苦的努力，能令人感到快樂的努力
3. 設法建立自信
4. 創造出良性循環
5. 培養樂觀的思維方式
6. 下工夫保持狀態
7. 借助他人的力量，與同伴一起成長

獨自一人能完成的事有限

為了有所成長，有時必須果斷地求助他人。畢竟獨自一人能做到的事情十分有限，而且一個人容易在中途放棄。但很多人會過度瞻前顧後，或是過於在意他人的想法，導致難以向他人求助。

或許是自尊心在作祟吧，似乎很多人會覺得「開口向人求助就是認輸」或「依賴別人會被對方瞧不起」，因而無法開口向他人請求協助。

可是自尊心究竟是什麼呢？或許是「自己是厲害的人，不能屈就於這種工作」這種自負的想法。一般來說，當我們說「那個人自尊心很強」時，似乎多半指的是「自負、認為自己比其他人優秀、自尊心受損時反應會很大」。

然而其實這根本就毫無意義，因為一個人的評價是由周圍的人來決定的，而不是擅自認定「我的評價應該要更高才對」。

我認為「那個人自尊心很強」這句話背後，通常隱含了話中人的虛榮心過剩、有毫無根據的自大，和近乎炫耀的自負意涵。

我的上司和運動社團的前輩以前經常對我說「要自負一點」，我的理解是「要有自信，不要看輕自己，只要肯努力就會成功」的意思。在我的印象中，高中觸身橄欖球社團的學長們、大學時期美式足球的學長們似乎也曾對我說過這樣的話，當時我可能也對學弟們說過同樣的話。

不過「自尊心」只是前輩對後輩、上司對下屬常用的慣用詞，我並不認為背後有什麼太大的意義。只是作為一個慣用的詞彙存在，實際上已經脫離了原本的意思。

這種「自尊心」在很大程度上會妨礙我們的成長。在我看來，放棄沒有意義的「自尊心」更具建設性，因為這樣做才不會妨礙成長。

為了有所成長，這是必須解決的問題。在多數情況下，若想求助他人，就必須放棄使用「自尊心」這個有害的詞。

我們必須將「自尊心」一詞從自己的字典中刪除。這個詞基本上有百害而無一利，應該要設法捨棄自尊心的觀念和想法。

當然，對於經常在使用這個詞彙的人而言，恐怕並沒有那麼容易捨棄。或許有人是「憑藉著自尊心而活」，然而，心態成熟、工作能力出色的人很少使用「自尊心」一詞，因為沒有使用的必要，這個詞跟他們無關。他們能夠在內心尊重自己，貫徹自認為正確的事，不會在嘴上老掛著自尊心這個字眼。

當然，若要成為這樣的人必須具備一定程度的自信，或是說必須有自我肯定的意識。畢竟缺乏自信和自我肯定的話，就會覺得輸人一截或是被人看輕。

如此一來自尊心便會作祟，導致自己無法向他人求助。

唯有不斷累積微小的成功經歷才能逐漸消除沒有自信的感覺，因此這方面的努力是不可或缺的。

只要有同伴就不容易半途而廢

只要有同伴，做任何事都不容易半途而廢。無論是一起學英語，還是一起準備會計證照考試、房屋建築士證照考試，只要有同伴帶動，就能堅持下去。

我在高中和大學的運動社團中也有過相同的經歷。在暑期集訓時，因為大量的練習，當時有好幾個社員相繼倒下送醫，但我和同屆的六、七名同伴還是一起挺了過去。此外，在目標一致的十幾個學弟同時加入社團的情況下，我也未曾考慮過「退出社團」這個選擇。

即便練習再操，身邊的同伴們仍舊全心全意投入，這樣的氛圍也使得我沒有絲毫動搖，堅持撐到最後。

在集訓當時，由於早中午晚的練習太過辛苦導致食慾不振，結果每餐的料理不做成茶泡飯大家就無法下嚥這樣辛苦的狀況，我依舊和同伴們一起挺了過來，這樣的經驗讓我對自己產生了自信。

在我開始工作、加入麥肯錫公司工作的期間，首爾的專案在我心中留下了特別深刻的印象。當時，業績稍差的日本分公司派出了數十名顧問，再加上從世界各地辦公室召集來的上百名顧問，大家一起完成了眾多專案。

「週一早上前往首爾，週五深夜返回日本」，這樣的生活持續了十年。然而，即便工作如此辛苦，我也未曾萌生過「中途放棄」的念頭。原因就在於我的身邊有同伴一起努力。這段經歷同樣也成為我日後的自信來源。

跟同伴一起成長

只要身邊有同伴，就能夠一起成長。組樂團、學英語、讀書、踢足球、打橄欖球、打棒球、踢室內足球、登山、滑雪或是房屋建築士等證照考試，身邊是否有同伴一同完成這些事，有著天壤之別。

為什麼身邊有同伴就能同時成長呢？乍看之下，這似乎是理所當然，但有意識地善加利用的人似乎並不多。讓我們一起思考一下其中的道理吧。

1　共享彼此的創意和方法

比起獨自一人不斷地盲目嘗試，跟同伴共享彼此的創意和方法可以更快、更有效地找出最適當的方法。這跟走在時代尖端的企業所積極實踐的「最佳典範共享」是一樣的。

讓所有人試著模仿某人的成功手段，然後進一步改良，也因此能快速累積實務經驗。無論是農耕、品種改良，或是創造工具或文化，人類憑藉的都是這樣的方法，而這樣的方法可以大幅度提升我們成長的速度。

2　有效收集資訊

身邊有同伴便能掌握到更多的資訊，因此不管是透過網路、日常對話、展示會、讀書會等途徑收集資訊時，整體來說都能更加有效率地大範圍收集到資訊。

身邊有同伴不僅能幫助我們準確收集資訊，他們同時也會讓我們有機會接觸到過往自己不感興趣、或是疏忽掉的重要資訊，從而提升我們對資訊的敏感度。

這麼一來，我們在閱讀重要的文章、書籍，或是參加讀書會、展示會等活動時就不容易忽略重要資訊，也不會對自己不曉得早該知道的事感到悔恨萬千。

3　競爭對手的存在可以提升幹勁

有同伴這件事同時也意味著有「對手」的存在，會讓人充滿幹勁，這正是人的天性。不管是職棒球賽或奧運，由於競賽雙方你來我往，也才能造就讓粉絲激動的賽事。而在對戰的同時，競爭雙方也會獲得快速的成長。

當然這樣的事不只是發生在職業選手身上，我們一般人也是。比方說唱歌、跳舞、瑜伽、手工藝、烹飪、網球、排球、高爾夫球等活動，自己會為了不輸給對手而努力練習，即便想休息也會因為想到不是偷懶的時候而咬緊牙關、堅持下去。

不過這可不是說要去仇視或嫉妒對方，而是在擁有相同目標的同伴中，去感受對手的存在，進而讓自己能不斷萌生持續努力的念頭。只要有對手，努力就不會是一種痛苦的行為。如此一來必定能咬緊牙關，堅持到底。

不過並不需要刻意去邀請對方成為自己的對手，在和同伴一起朝某個目標努力的過程中，對手是會自然而然地產生的。

為了同伴而努力

如果身邊有同伴，也比較容易產生「想為同伴努力」的心情。這種情況不僅限於工作，在棒球、足球、排球這些運動中也很常見；合唱團、樂團等需要團隊合作的情況也是。由於這些都不是可以獨自一人完成的活動，因此就算辛苦也能夠堅持下去。

或許有人會覺得跟人打交道很麻煩，或是可能的話最好不要與人接觸。然而人類終究無法脫離群體獨自一人生存。刻意參加能找到同伴的活動，其實也會成為自己生活中的樂趣。

我在離開大學的美式足球社團後，截至目前為止只有打過網球，不過我一直期盼有朝一日還有機會再加入橄欖球、足球或是室內足球這類運動社團。

我之所以能夠出版很多本書，並且舉辦大量演講和工作坊，或許最根本的原因就在於對結識同伴的意識和關心吧。

借助靈感筆記尋找同伴

最後，我將介紹實踐「促進成長的七個行動」的靈感筆記。請務必從身邊的人當中，召集四名以上的朋友或同事一同實踐。

這項練習不僅能為自己帶來重大的發現，同時在實踐這七個行動的過程中，還能找到絕佳的同伴。

那麼就請按照以下三組主題來進行實踐。

第一組：自己在怎麼樣的情況下無法實踐促進成長的七個行動？

第二組：自己在怎麼樣的情況下可以成功實踐促進成長的七個行

（第二組）

自己在怎麼樣的情況下可以成功實踐促進成長的七個行動？

1. 自己在怎麼樣的情況下可以接二連三完成下定決心的事？
   —
   —
   —
   —
   —

2. 當時是如何戰勝誘惑的？
   —
   —
   —
   —
   —

3. 當時自己的行動有怎麼樣的變化？
   —
   —
   —
   —
   —

4. 當時周圍的反應是？
   —
   —
   —
   —
   —

（第三組）

今後若想持續實踐促進成長的七個行動該怎麼做？

1. 自己在怎樣的情況下才能不輕言放棄、貫徹下定決心的事？
   —
   —
   —
   —
   —

2. 今後若不想輸給誘惑該怎樣做？該怎麼做才能在絲毫感受不到誘惑的狀況下前進？
   —
   —
   —
   —
   —

3. 今後該如何成長對自己才是最有幫助的？
   —
   —
   —
   —
   —

4. 今後透過持續成長想要實現的事是？
   —
   —
   —
   —
   —

● 借助「靈感筆記」實行促進成長的行動

第一組：自己在怎麼樣的情況下無法實踐促進成長的七個行動？

第二組：自己在怎麼樣的情況下可以成功實踐促進成長的七個行動？

第三組：今後若想持續實踐促進成長的七個行動該怎麼做？

這項練習不僅能為自身帶來重大的發現，同時在實踐這七個行動的過程中，還能找到絕佳的同伴。

（第一組）

自己在怎麼樣的情況下無法實踐促進成長的七個行動？

1. 自己在什麼樣的情況下始終無法完成下定決心的事？
—
—
—
—
—

2. 對自己而言難以抵擋的誘惑是什麼？總是半途而廢的原因是什麼？
—
—
—
—
—

3. 在半途而廢前，自己的行動產生了怎麼樣的變化？
—
—
—
—
—

4. 當時周圍的反應是？
—
—
—
—
—

動？

第三組：今後若想持續實踐促進成長的七個行動該怎麼做？

另外，我想順道介紹一個在立定目標時確定輕重緩急的方法。

使用「2×2架構」可以減少猶豫，更果斷地決定目標。

在橫軸為「重要度」，縱軸為「緊急度」的矩陣中寫下浮現於腦海中的事項。

不過有一點需要特別注意。

大多數的人都會去執行在右上角的「重要且緊急」象限中所寫下的事項，且左下角「既不重要也不緊急」象限中寫下的事項大多會延後處理。到此為止的處理都很合理，不過問題在於，多數人會花太多時間在處理左上方的「不重要卻緊急」象限中所寫下的事項。

如果被這個象限中的事項耽擱太多時間，會導致「重要卻不緊急」象限中的事項被不斷拖延，這麼一來日後可能會引發很大的問題。這樣的情況可能發生在所有人身上，我也經常陷入這樣的狀況。

要解決這個問題的方法只有一個，就是計算每次在解決「不重要卻緊急」的事項上所花費的時間，然後將同等的時間投入到處理「重要卻不緊急」的事項上。如此一來，就能取得處理輕重緩急的平衡。請務必嘗試看看。

● 利用「2×2 架構」立定目標

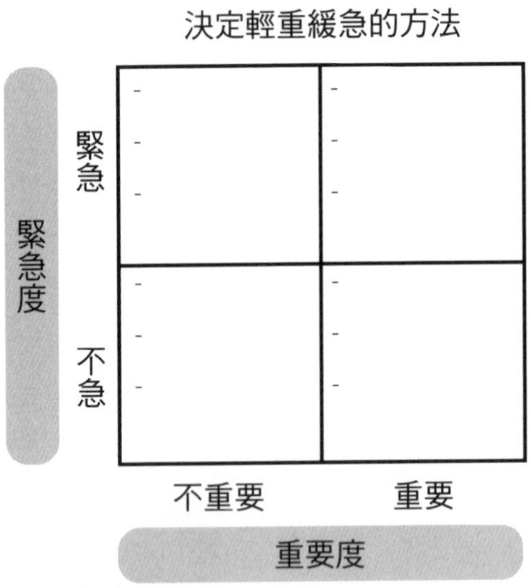

實踐時的注意事項

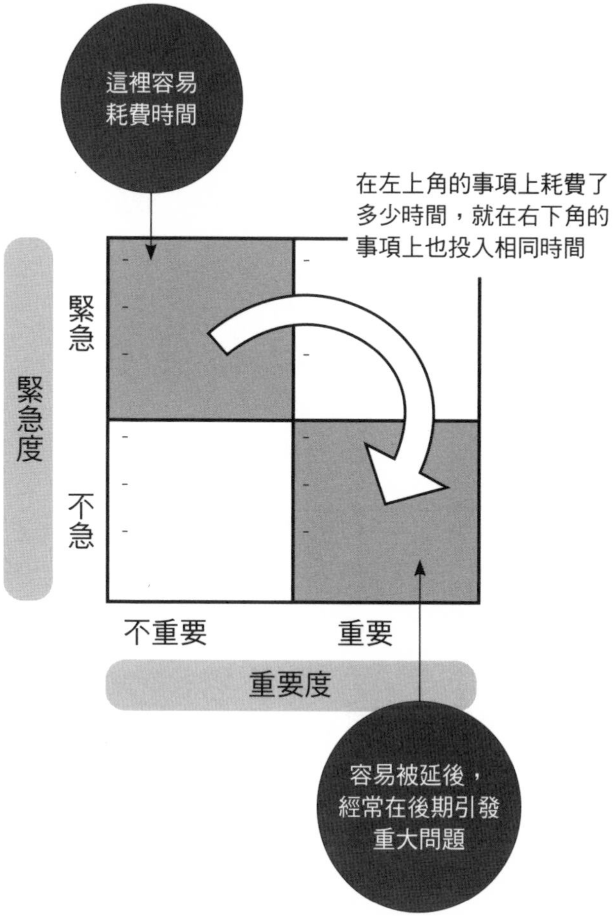
這裡容易
耗費時間
在左上角的事項上耗費了
多少時間，就在右下角的
事項上也投入相同時間
緊急
不急
緊急度
不重要
重要
重要度
容易被延後，
經常在後期引發
重大問題

切實感受到成長

我在這本書中說明了各種能帶來成長的方法。

只要實踐其中幾項，很快就能切身感受到自己正在成長。只要善加運用「想變成這樣的人」「想掌握這種能力」的心情，而非不明所以地投身於工作，就會開始產生變化。

可能有些讀者上一次感覺自己有所成長是在遙遠的學生時代，也可能有人迄今未曾體驗過自我成長的經驗。

但在我接觸過許多人後的想法是，即便工作、學歷、家庭環境等背景有所不同，只要積極地付諸行動，無論是誰都能獲得成長，同時也能切實感受到自己正在成長。

切實感受到自己正在成長是一種非常愉快的感覺。在我們所感受過的各種體驗中，或許是最讓人愉悅的體驗之一。成功完成某件事所帶來的喜悅，有時或許可能還會超越感受到自身有所成長的喜悅。然而我們不可能做任何事都成功，當然也不可能百分之百地控制自己。

比較重要的是感受到「自己正在日漸成長」，此外「再接再勵」這樣的念頭會直接帶給我們身而為人的喜悅。

我衷心期盼讀者們能再次體會到這樣的喜悅。

只需要些許的努力和用心就能夠感受到這樣的喜悅。每個人都有無限的成長可能。只要切實感受到自己正在成長，就能日新月異不斷改變，因為我們每個人的身心都具備這樣的特性。

建立自信、找回自信

想切實感受到成長、不斷成長，需要建立自信。只要有自信，就算過程很痛苦也能夠相信自己，竭盡所能拿出表現，或是在比賽中與人競爭時可以堅持到最後。

自信主要的根源是「自我肯定」「促進成長的思考方式和實際的努力」以及「微小成功體驗的累積」。

從我們出生到兩歲的這段期間，母親的關愛和態度會對一個人的「自我肯定」產生決定性的影響。此外，在上小學之前，父母對待我們的方式和家庭環境也會極大程度地影響自我肯定感。《依戀障礙：為何我們總是無法好好愛人，好好愛自己？》這本書中詳細地闡述了這個問題，非常適合缺乏自我肯定的讀者閱讀。另外，《父母會傷人》這本書也相當具有參考價值。

其實關於自我肯定的書籍非常多，網路上也有大量的文章。但是一般上班族甚至幾乎沒有意識到自己可能有這方面的問題。也因此，即便他們可能會因為「那個人怎麼那麼過分」或是「為什麼自己無法控制情緒，動不動就生氣，這點非改不可」這樣的情境而感到憤怒或自我厭惡，但卻絲毫沒有意識到依附障礙和發展障礙，以及這樣的症狀與自身的關聯，每天只是在工作上忙得團團轉。當然，更別說要本人去察覺到自己有依附障礙和發展障礙了。

我在書中詳細說明了「能有效促進成長的思考方式和實際的努力方法」。每個人都能克服障礙、獲得成長，而且沒有任何人能阻止自身的成長。唯一能阻止自身成長的只有「自己」，只有「無心成長」的自己而已。

我在這本書中所提供的方法是為了要幫助讀者不要給自己太大的壓力，同時也能減輕已經施加於自身的壓力，因此也希望各位務必反覆閱讀，克服障礙。所有的障礙其實都只是自己為自己設下的而已。

那為什麼我要在此處提到「找回自信」呢？我之所以刻意強調「找回自信」，是因為健康成長的人都具備一定程度的自我肯定感，在成長過程中也具備一定程度的自信。這是自然現象，要說是自然法則也不為過。

但是出於各種原因而背負嚴重心靈創傷的人非常多，比方說老是被父母看輕，老是被老師斥責或是被同班同學排擠，老是被上司責罵等等。

這本書中所說明的方法同時也是為了替這樣的讀者們提供解決之道，幫助他們療傷，並且透過獲取成功的經驗來重塑健全的心靈。

想必每個人都有過痛苦的回憶，然而過去終究是過去。為了能讓接下來的每一天以及接下來的人生過得更有意義，希望讀者們盡可能去嘗試書中的方法，重新找回自信。

積極的心態

想要建立自信或是找回自信，必須從保持「積極的心態」出發。積極的心態是指「雖然說不上來，但說不定自己辦得到，反正先試了再說」這樣的心態。

不用說，與之相反的是「消極的心態」。心態消極的人不管做什麼事都會抱著「絕對會失敗」「反正自己辦不到」「硬試還失敗的話肯定被人笑話」「光是想試試看就肯定會被嘲笑，大家一定會覺得我不自量力」這樣的想法，不斷找無法成功的藉口，到頭來一事無成。

想要成長，必須從保持「積極的心態」出發，只要能維持這樣的心態就能付諸行動，然後也會開始產生想要嘗試解決問題的想法。

如果怎麼樣都無法保持積極向上的心態的話，可以嘗試每個月跟心態樂觀的朋友見一次面。只要見上面，對方一定會散發出積極的心態、幹勁和能量，自己也能受到感染，進而萌生想要嘗試做些事情的想法。

我想目前正在讀這本書的讀者應該是在書店或網路上買到這本書，那麼請再將行動往前推一步，務必嘗試與心態積極的朋友見面。

你將發現自己會打從內心深處湧現驚人的能量，而這對對方來說也會是一件相當值得開心的事。不要去擔心「是否會占用對方的時間」或是「對方是否會覺得自己很沒用」這樣的問題。

喜歡上自己

如果能夠積極跨越障礙進而有所成長，就能變得比之前更加喜歡自己。接著進一步認為「自己是很努力的」，如此一來心態就能變得積極，進而逐漸獲得自信。

如果可以進入這樣的狀態，便能展開良性循環。因為付出了努力而產生正向的結果，而這樣的結果進而使其他面向也往更好的方向發展，這樣的連鎖反應將能為自己帶來正面的評價，結果可能獲得更好的工作機會或是改善人際關係。

在這樣的情況下，一直無法喜歡自己的人、老是後悔的人或是經常鬱鬱寡歡的人，會頓時感到眼前的未來變得光明，對於自己的批判和抱怨也會逐漸減少。

我想這樣的感覺應該是「逐漸變成能夠看重自己」。許多人即便沒有自殘行為，但其實在心理層面對自己做出了類似自殘的行為，如果能夠藉由前述的狀態喜歡上自己，這樣的行為就會逐漸消失。

不喜歡自己的人如果能逐漸喜歡上自己是一件很棒的事。我期盼這個世界可以因為每個人都喜歡上自己，而讓職權騷擾、家庭暴力、精神暴力逐漸消失，憂鬱症、自殘行為、自殺等問題也能逐漸獲得解決。

友善待人

如果喜歡自己的人增加的話，就會催生出友善待人的組織、群體、社會。如此一來，暴戾的風氣也將逐漸得到改善。瀰漫著扯人後腿、嫉恨和嫉妒的社會氛圍，或是三不五時可在社群網路上看見唇槍舌戰的現代社會也會變得比較友善。

如果社會整體能有這樣的變化，生存於社會中的每個個體也能更為友善待人。

朝向崇高目標努力與友善待人這兩件事並不矛盾。這兩者完全可以同時成立，反而是會因為如此讓想要努力的人增加，進一步挑戰更為困難的目標。

如果成長的人增加可以催生出「友善待人的人」「友善待人的社群」「友善待人的社會」，那真的是再棒不過的事了。

成長的範圍不斷擴大

上述幾點最後的結果便是成長範圍將不斷擴大。在這樣的社會中，成長將變得理所應當，而這將會是良好的刺激，讓下一個世代也能夠有所成長。

這樣的概念應該是相當契合個人教育素質高的日本。換句話說，這點能充分發揮日本人的特質，是日本社會成功的關鍵。

我很樂於見到每個人都能打破自己的心理障礙，逐步成長，進一步讓成長的範圍不斷擴大。

最後，我想補充一下寫這本書的理由。

在我看來，日本經濟和日本企業低迷的現狀是相當嚴峻的危機。雖然日本在經濟快速成長期實現了驚人的成長，但是在那之後始終處於下滑的狀態，GDP從世界第二跌至世界第三；人均GDP雖然在一九九三年後的四年間始終維持在世界第三，但在那之後也是呈現一路下滑狀態。在二〇一五年，日本的世界排名已經是全球第二十六了。

此外，在蘋果等國際公司的總市值超過六十兆日圓的同時，本是世界知名品牌的索尼、松下和日立的總市值只有二到三兆日圓左右，相差甚遠。就連富士通和NEC的市值也低於一兆日圓。雖然這些企業目前仍舊處於盈利狀態，但不得不說就全球企業來看競爭力非常低。

想要擺脫這種狀況，關鍵就在於人，人人變得充滿活力、人人都能有所成長是不可或缺的。

日本人還有更大的成長空間，也具備在全世界活躍的資質，更具備有絕佳的團隊合作精神和社會秩序。我由衷地期盼每個人都能獲得長足的成長。

＊＊＊

感謝各位讀者讀到了最後。

如果各位願意將讀完本書的感想和疑問發至我的電子信箱（akaba@b-t-partners.com），我會感到無比喜悅，並且也會在第一時間回覆信件。

每個人都能有所成長，只是上司覺得下屬沒有成長空間這樣的偏見，或是自認為無法成長的消極心態阻礙了我們的成長而已。

再來就是只要身邊有同伴必定能有所改變。還請試著和同伴相互傾訴煩惱，一同分享獲得成功的經歷，一步步向前邁進吧。

請務必要加入成長的行列。

成長思考力（二版）

創造人生良性循環的七個行動法則

成長思考 心の壁を打ち破る７つのアクション

作　　者　赤羽雄二
譯　　者　溫玥
責任編輯　王辰元
協力編輯　李佳霖
封面設計　萬勝安
內頁排版　藍天圖物宣字社

發 行 人　蘇拾平
總 編 輯　蘇拾平
副總編輯　王辰元
資深主編　夏于翔
主　　編　李明瑾
行銷企畫　廖倚萱
業務發行　王綬晨、邱紹溢、劉文雅

出　　版　日出出版
新北市231新店區北新路三段207-3號5樓
電話：（02）8913-1005 傳真：（02）8913-1056
發　　行　大雁出版基地
新北市231新店區北新路三段207-3號5樓
24小時傳真服務（02）8913-1056
Email：andbooks@andbooks.com.tw
劃撥帳號：19983379　戶名：大雁文化事業股份有限公司

二版一刷　2024年3月
定　　價　420元
I S B N　978-626-7382-91-2
I S B N　978-626-7382-90-5（EPUB）

國家圖書館出版品預行編目(CIP)資料

成長思考力法：創造人生良性循環的七個行動法則 / 赤羽雄二著 ; 溫玥譯. – 二版. – 臺北市 : 日出出版 : 大雁文化發行, 2024.03
面； 公分
譯自：成長思考：心の壁を打ち破る７つのアクション
ISBN 978-626-7382-91-2 (平裝)

1. 自我實現　2. 成功法

177.2　　113001845